**DOCÊNCIA em FORMAÇÃO**
*Saberes Pedagógicos*

Coordenação:
Selma Garrido Pimenta

EDITORA AFILIADA

© 2014 by Julio Groppa Aquino

© Direitos de publicação
**CORTEZ EDITORA**
Rua Monte Alegre, 1074 – Perdizes
05014-001 – São Paulo – SP
Tel.: (11) 3864-0111 Fax: (11) 3864-4290
cortez@cortezeditora.com.br
www.cortezeditora.com.br

Direção
*José Xavier Cortez*

Editor
*Amir Piedade*

Preparação
*Alessandra Biral*

Revisão
*Alexandre Ricardo da Cunha*
*Gabriel Maretti*
*Roksyvan Paiva*

Edição de Arte
*Mauricio Rindeika Seolin*

Ilustração de capa
*Antonio Carlos Tassara de Padua*

Dados Internacionais de Catalogação na Publicação (CIP)
(Câmara Brasileira do Livro, SP, Brasil)

Aquino, Julio Groppa
  Da autoridade pedagógica à amizade intelectual: uma plataforma para o *éthos* docente / Julio Groppa Aquino – 1. ed. – São Paulo: Cortez, 2014. – (Coleção docência em formação: saberes pedagógicos)

  ISBN 978-85-249-2201-5

  1. Educação. 2. Pedagogia 3. Sociologia educacional – I. Título. II. Série.

14-04489                                                CDD-306.43

Índices para catálogo sistemático:
1. Sociologia da educação   306.43

Impresso no Brasil – agosto de 2014

Julio Groppa Aquino

# Da autoridade pedagógica à amizade intelectual:

## uma plataforma para o *éthos* docente

1ª edição
2014

# SUMÁRIO

AOS PROFESSORES ................................................ 7

APRESENTAÇÃO DA COLEÇÃO ............................... 9

APRESENTAÇÃO ................................................ 19

CAPÍTULO I    UM PADRE, UM ROMANCISTA E TRÊS FILÓSOFOS:
OS CONTORNOS DA AUTORIDADE ................ 33
    1. O professor e a palavra ...................... 47
    2. O ensino como ato comum ............... 59
    3. Autoridade, liberdade, democracia ....... 72

CAPÍTULO II    A AUTORIDADE INTERROGADA:
A RÉPLICA DAS NOVAS GERAÇÕES ................... 81
    1. Juventude, violência e escola ................. 87
    2. Indisciplina e (contra)normatividade
    escolar ............................................ 101

CAPÍTULO III    O PRESENTE EDUCACIONAL E AS
TRANSFIGURAÇÕES DO *ÉTHOS* DOCENTE .......... 111
    1. A *governamentalidade*
    como hipótese analítica ...................... 115
    2. O fulgor dos processos
    de *governamentalização* educacional ........ 125
    3. Aquém e além dos muros da escola ........ 133

CAPÍTULO IV    A AMIZADE INTELECTUAL: APROXIMAÇÕES ....... 155
    1. O desgoverno da liberdade ................. 161
    2. A dignidade da amizade ...................... 170
    3. A amizade como princípio
    da ação docente ................................ 179

REFERÊNCIAS ................................................ 187

# AOS PROFESSORES

A **Cortez Editora** tem a satisfação de trazer ao público brasileiro, particularmente aos estudantes e profissionais da área educacional, a **Coleção Docência em Formação**, destinada a subsidiar a formação inicial de professores e a formação contínua daqueles que estão em exercício da docência.

Resultado de reflexões, pesquisas e experiências de vários professores especialistas de todo o Brasil, a Coleção propõe uma integração entre a produção acadêmica e o trabalho nas escolas. Configura um projeto inédito no mercado editorial brasileiro por abarcar a formação de professores para todos os níveis de escolaridade: **Educação Básica** (incluindo a **Educação Infantil**, o **Ensino Fundamental** e o **Ensino Médio**), a **Educação Superior**, a **Educação de Jovens e Adultos** e a **Educação Profissional**. Completa essa formação com os Saberes Pedagógicos.

Com mais de 30 anos de experiência e reconhecimento, a Cortez Editora é uma referência no Brasil, nos demais países latino-americanos e em Portugal por causa da coerência de sua linha editorial e da atualidade dos temas que publica, especialmente na área da Educação, entre outras. É com orgulho e satisfação que lança a **Coleção Docência em Formação**, pois estamos convencidos de que se constitui em novo e valioso impulso e colaboração ao pensamento pedagógico e à valorização do trabalho dos professores na direção de uma escola melhor e mais comprometida com a mudança social.

*José Xavier Cortez*
*Editor*

# APRESENTAÇÃO DA COLEÇÃO

A Coleção **Docência em Formação** tem por objetivo oferecer aos professores em processo de formação e aos que já atuam como profissionais da Educação subsídios formativos que levem em conta as novas diretrizes curriculares, buscando atender, de modo criativo e crítico, às transformações introduzidas no sistema nacional de ensino pela Lei de Diretrizes e Bases da Educação Nacional, de 1996. Sem desconhecer a importância desse documento como referência legal, a proposta desta Coleção identifica seus avanços e seus recuos e assume como compromisso maior buscar uma efetiva interferência na realidade educacional por meio do processo de ensino e de aprendizagem, núcleo básico do trabalho docente. Seu propósito é, pois, fornecer aos docentes e alunos das diversas modalidades dos cursos de formação de professores (licenciaturas) e aos docentes em exercício, livros de referência para sua preparação científica, técnica e pedagógica. Os livros contêm subsídios formativos relacionados ao campo dos saberes pedagógicos, bem como ao campo dos saberes relacionados aos conhecimentos especializados das áreas de formação profissional.

A proposta da Coleção parte de uma concepção orgânica e intencional de educação e de formação de seus profissionais, e com clareza do que se pretende formar para atuar no contexto da sociedade brasileira contemporânea, marcada por determinações históricas específicas.

###### APRESENTAÇÃO DA COLEÇÃO

Como bem mostram estudos e pesquisas recentes na área, os professores são profissionais essenciais nos processos de mudanças das sociedades. Se forem deixados à margem, as decisões pedagógicas e curriculares alheias, por mais interessantes que possam parecer, não se efetivam, não gerando efeitos sobre o social. Por isso, é preciso investir na formação e no desenvolvimento profissional dos professores.

Na sociedade contemporânea, as rápidas transformações no mundo do trabalho, o avanço tecnológico configurando a sociedade virtual e os meios de informação e comunicação incidem com bastante força na escola, aumentando os desafios para torná-la uma conquista democrática efetiva. Transformar as escolas em suas práticas e culturas tradicionais e burocráticas que, por intermédio da retenção e da evasão, acentuam a exclusão social, não é tarefa simples nem para poucos. O desafio é educar as crianças e os jovens propiciando-lhes um desenvolvimento humano, cultural, científico e tecnológico, de modo que adquiram condições para fazer frente às exigências do mundo contemporâneo. Tal objetivo exige esforço constante do coletivo da escola – diretores, professores, funcionários e pais de alunos – dos sindicatos, dos governantes e de outros grupos sociais organizados.

Não se ignora que esse desafio precisa ser prioritariamente enfrentado no campo das políticas públicas. Todavia, não é menos certo que os professores são profissionais essenciais na construção dessa nova escola. Nas últimas décadas, diferentes países realizaram grandes investimentos na área da formação e desenvolvimento profissional de professores visando essa finalidade. Os professores contribuem com seus saberes, seus valores, suas experiências nessa complexa tarefa de melhorar a qualidade social da escolarização.

Entendendo que a democratização do ensino passa pelos professores, por sua formação, por sua valorização profissional e por suas condições de trabalho, pesquisadores têm apontado para a importância do investimento no seu desenvolvimento profissional, que envolve formação inicial e continuada, articulada a um processo de valorização identitária e profissional dos professores. Identidade que é *epistemológica*, ou seja, que reconhece a docência como um *campo de conhecimentos específicos* configurados em quatro grandes conjuntos, a saber:

1. conteúdos das diversas áreas do saber e do ensino, ou seja, das ciências humanas e naturais, da cultura e das artes;
2. conteúdos didático-pedagógicos, diretamente relacionados ao campo da prática profissional;
3. conteúdos relacionados a saberes pedagógicos mais amplos do campo teórico da educação;
4. conteúdos ligados à explicitação do sentido da existência humana individual, com sensibilidade pessoal e social.

Vale ressaltar que identidade que é *profissional,* ou seja, a docência, constitui um campo específico de intervenção profissional na prática social. E, como tal, ele deve ser valorizado em seus salários e demais condições de exercício nas escolas.

O desenvolvimento profissional dos professores tem se constituído em objetivo de propostas educacionais que valorizam a sua formação não mais fundamentada na racionalidade técnica, que os considera como meros executores de decisões alheias, mas em uma perspectiva que reconhece sua capacidade de decidir. Ao confrontar suas ações cotidianas com as produções teóricas, impõe-se rever suas práticas e as teorias que as informam, pesquisando a prática e produzindo novos conhecimentos para a teoria e a prática de ensinar. Assim, as transformações das práticas docentes só se efetivam à medida que o professor *amplia sua consciência sobre a própria prática*, a de sala de aula e a da escola como um todo, o que pressupõe os conhecimentos teóricos e críticos sobre a realidade. Tais propostas enfatizam que os professores colaboram para transformar as escolas em termos de gestão, currículos, organização, projetos educacionais, formas de trabalho pedagógico. Reformas gestadas nas instituições, sem tomar os professores como parceiros/autores, não transformam a escola na direção da qualidade social. Em consequência, *valorizar o trabalho docente significa dotar os professores de perspectivas de análise que os ajudem a compreender os contextos histórico, sociais, culturais, organizacionais nos quais se dá sua atividade docente.*

Na sociedade brasileira contemporânea, novas exigências estão postas ao trabalho dos professores. No colapso das antigas certezas morais, cobra-se deles que cumpram funções da família e de outras instâncias sociais; que respondam à necessidade de afeto dos alunos; que resolvam os problemas da violência, das drogas e da indisciplina; que preparem melhor os alunos nos conteúdos das matemáticas, das ciências e da tecnologia tendo em vista colocá-los em melhores condições para enfrentarem a competitividade; que restaurem a importância dos conhecimentos na perda de credibilidade das certezas científicas; que sejam os regeneradores das culturas/identidades perdidas com as desigualdades/diferenças culturais; que gestionem as escolas com economia cada vez mais frugal; que trabalhem coletivamente em escolas com horários cada vez mais fragmentados. Em que pese a importância dessas demandas, não se pode exigir que os professores individualmente considerados façam frente a elas. Espera-se, sim, que coletivamente apontem caminhos institucionais ao seu enfrentamento.

É nesse contexto complexo, contraditório, carregado de conflitos de valor e de interpretações, que se faz necessário ressignificar a identidade do professor. O ensino, atividade característica do professor, é uma prática social complexa, carregada de conflitos de valor e que exige opções éticas e políticas. Ser professor requer saberes e conhecimentos científicos, pedagógicos, educacionais, sensibilidade da experiência, indagação teórica e criatividade para fazer frente às situações únicas, ambíguas, incertas, conflitivas e, por vezes, violentas, das situações de ensino, nos contextos escolares e não escolares. É da natureza da atividade docente proceder à mediação reflexiva e crítica entre as transformações sociais concretas e a formação humana dos alunos, questionando os modos de pensar, sentir, agir e de produzir e distribuir conhecimentos na sociedade.

Problematizando e analisando as situações da prática social de ensinar, o professor incorpora o conhecimento elaborado, das ciências, das artes, da filosofia, da pedagogia e das ciências da educação, como ferramentas para a compreensão e proposição do real.

A Coleção investe, pois, na perspectiva que valoriza a capacidade de decidir dos professores. Assim, discutir os temas que perpassam seu cotidiano nas escolas – projeto pedagógico, autonomia, identidade e profissionalidade dos professores, violência, cultura, religiosidade, a importância do conhecimento e da informação na sociedade contemporânea, a ação coletiva e interdisciplinar, as questões de gênero, o papel do sindicato na formação, entre outros –, articulados aos contextos institucionais, às políticas públicas e confrontados com experiências de outros contextos escolares e com as teorias, é o caminho a que a Coleção **Docência em Formação** se propõe.

Os livros que a compõem apresentam um tratamento teórico-metodológico pautado em três premissas: há uma estreita vinculação entre os conteúdos científicos e os pedagógicos; o conhecimento se produz de forma construtiva e existe uma íntima articulação entre teoria e prática.

Assim, de um lado, impõe-se considerar que a atividade profissional de todo professor possui uma natureza pedagógica, isto é, vincula-se a objetivos educativos de formação humana e a processos metodológicos e organizacionais de transmissão e apropriação de saberes e modos de ação. O trabalho docente está impregnado de intencionalidade, pois visa a formação humana por meio de conteúdos e habilidades de pensamento e ação, implicando escolhas, valores, compromissos éticos. O que significa introduzir objetivos explícitos de natureza conceitual, procedimental e valorativa em relação aos conteúdos da matéria que se ensina; transformar o saber científico ou tecnológico em conteúdos formativos; selecionar e organizar conteúdos de acordo com critérios lógicos e psicológicos em função das características dos alunos e das finalidades do ensino; utilizar métodos e procedimentos de ensino específicos inserindo-se em uma estrutura organizacional em que participa das decisões e das ações coletivas. Por isso, para ensinar, o professor necessita de conhecimentos e práticas que ultrapassem o campo de sua especialidade.

De outro ponto de vista, é preciso levar em conta que todo conteúdo de saber é resultado de um processo de construção de conhecimento. Por isso, dominar conhecimentos não se refere apenas à apropriação de dados objetivos pré-elaborados, produtos prontos do saber acumulado. Mais do que dominar os produtos, interessa que os alunos compreendam que estes são resultantes de um processo de investigação humana. Assim, trabalhar o conhecimento no processo formativo dos alunos significa proceder à mediação entre os significados do saber no mundo atual e aqueles dos contextos nos quais foram produzidos. Significa explicitar os nexos entre a atividade de pesquisa e seus resultados, portanto, instrumentalizar os alunos no próprio processo de pesquisar.

Na formação de professores, os currículos devem configurar a pesquisa como *princípio cognitivo*, investigando com os alunos a realidade escolar, desenvolvendo neles essa atitude investigativa em suas atividades profissionais e assim configurando a pesquisa também como *princípio formativo* na docência.

Além disso, é no âmbito do processo educativo que mais íntima se afirma a relação entre a teoria e a prática. Em sua essência, a educação é uma prática, mas uma prática intrinsecamente intencionalizada pela teoria. Decorre dessa condição a atribuição de um lugar central ao estágio, no processo da formação do professor. Entendendo que o estágio é constituinte de todas as disciplinas percorrendo o processo formativo desde seu início, os livros da Coleção sugerem várias modalidades de articulação direta com as escolas e demais instâncias nas quais os professores atuarão, apresentando formas de estudo, análise e problematização dos saberes nelas praticados. O estágio também pode ser realizado como espaço de projetos interdisciplinares, ampliando a compreensão e o conhecimento da realidade profissional de ensinar. As experiências docentes dos alunos que já atuam no magistério, como também daqueles que participam da formação continuada, devem ser valorizadas como referências importantes para serem discutidas e refletidas nas aulas.

Considerando que a relação entre as instituições formadoras e as escolas pode se constituir em espaço de formação contínua para os professores das escolas assim como para os formadores, os livros sugerem a realização de projetos conjuntos entre ambas. Essa relação com o campo profissional poderá propiciar ao aluno em formação oportunidade para rever e aprimorar sua escolha pelo magistério.

Para subsidiar a formação inicial e continuada dos professores onde quer que se realizem: nos cursos de licenciatura, de pedagogia e de pós-graduação, em universidades, faculdades isoladas, centros universitários e Ensino Médio, a Coleção está estruturada nas seguintes séries:

**Educação Infantil:** profissionais de creche e pré--escola.

**Ensino Fundamental:** professores do 1º ao 5º ano e do 6º ao 9º ano.

**Ensino Médio:** professores do Ensino Médio.

**Ensino Superior:** professores do Ensino Superior.

**Educação Profissional:** professores do Ensino Médio e Superior Profissional.

**Educação de Jovens e Adultos:** professores de jovens e adultos em cursos especiais.

**Saberes pedagógicos e formação de professores.**

Em síntese, a elaboração dos livros da Coleção pauta-se nas seguintes perspectivas: investir no conceito de *desenvolvimento profissional*, superando a visão dicotômica de formação inicial e de formação

APRESENTAÇÃO DA COLEÇÃO

continuada; investir em sólida formação teórica nos campos que constituem os saberes da docência; considerar a formação voltada para a profissionalidade docente e para a construção da identidade de professor; tomar a pesquisa como componente essencial da/na formação; considerar a prática social concreta da educação como objeto de reflexão/formação ao longo do processo formativo; assumir a visão de totalidade do processo escolar/educacional em sua inserção no contexto sociocultural; valorizar a docência como atividade intelectual, crítica e reflexiva; considerar a ética como fator fundamental na formação e na atuação docente.

**São Paulo, 21 de fevereiro de 2012**
**Selma Garrido Pimenta**
**Coordenadora**

# Apresentação

# Apresentação

Bem antes de se alinhar à longa fila de publicações sobre a autoridade docente, este é um livro-testemunho. Testemunho porque as ideias nele dispostas findam por se mesclar por completo com a existência de seu autor: um homem dobrado sobre si mesmo, guerreando contra aquilo que já não pensa, ou melhor, que pensa não mais pensar, mesmo sem ter o domínio exato daquilo que, com o passar do tempo, passou a pensar. Testemunho, portanto, não de um pretenso *expert*, *bien-pensant* ou coisa que o valha, mas de um professor-pesquisador que, longe do conforto e da segurança de uma experiência cumulativa, vê-se cada vez mais atravessado por hesitações crescentes, sobretudo quando estão em pauta os quebradiços contornos do *éthos* docente, ponto de mira da presente publicação.

Seu *corpus* textual nutre-se de um conjunto de fragmentos escriturais já veiculados, em sua maioria, em outros tempos e lugares, principalmente na tese de livre-docência (Aquino, 2009) por mim defendida cinco anos atrás na Faculdade de Educação da Universidade de São Paulo. Ao promover a nova cosedura de tais fragmentos, tornou-se necessário reconstruir toda a lógica interna do texto, a fim de que fosse alcançado um arranjo argumentativo mais condizente com o formato editorial específico de um livro. Daí que, por várias vezes, fui forçado a usurpar o anacronismo dos escritos pregressos, a operar articulações limítrofes, a tentar ludibriar a afasia que eles não foram, nem antes, nem agora, capazes de evitar.

O universo de fontes ao qual as ideias se reportam ou que nele se fundam compreende, além de um arco de referências teóricas selecionadas, algumas obras cinematográficas e literárias, estas tomadas como disparadores potencialmente fecundos para os propósitos analíticos em causa. O resultado, espera-se, é uma trama de discussões que almeja oferecer uma mirada caleidoscópica sobre o espírito da época acerca do pensar e do agir docentes, bem como forjar um solo vitalista para os modos de vida que aí teimarão, de um modo ou de outro, em pedir passagem.

Como o subtítulo do livro tenciona antecipar, tratou-se de forjar uma plataforma para o *éthos* docente na atualidade. A propósito, o léxico define o vocábulo "plataforma" de variadas maneiras, não coincidentes, inclusive. Entre elas, algumas são de particular interesse: estrado nas extremidades de veículos por onde entram e saem passageiros e cargas; rampa de lançamento de projéteis; programa político anunciado por candidato a cargo eletivo; espécie de terraço; tipo de solado de calçados; construção militar sobre a qual se assentam canhões etc.

Se tomadas literalmente, todas as definições anteriores poderiam ser consideradas mais ou menos afeitas ao que aqui está em jogo. As proposições ofertadas podem facilitar o trânsito do leitor, seja na entrada em determinadas problematizações, seja no abandono definitivo delas; podem projetá-lo a paragens não conhecidas, ou tão somente servir de apoio à retomada de modos já idos de pensar; podem guerrear contra formas consagradas de agir ou, ao contrário, forjar acontecimentos sem caracterização precisa; podem, enfim, ser um lugar gerador, de descanso, de conservação ou, então, de expropriação; ainda, de nenhum deles. Seja o que se fizer com o que se propõe nas páginas seguintes, o desfecho restar-me-á sempre incógnito – prerrogativa de quem lê, sentença de quem escreve.

Entretanto, se o objetivo exclusivo do ato público de pensar, por meio de um tipo de escrita como o que se oferece, é, em última instância, o da crítica radical sobre aquilo que temos nos tornado e feito tornar, que este livro possa, então, ser apropriado como ocasião de interpelação inclemente do presente educacional e, na medida do possível, de uma reinvenção entusiasmada do que ali se passa.

\* \* \*

Dos docentes das universidades públicas em regime de dedicação exclusiva (como no meu caso), é exigido um esforço polivalente: pesquisa; docência de graduação e de pós-graduação; prestação de serviços; publicação; gestão universitária; orientação e julgamento de trabalhos acadêmicos, participação em eventos de diferentes naturezas etc.

É certo, contudo, que, para cada uma de tais tarefas, destrezas específicas são requeridas e nem sempre efetivadas extensa ou integralmente, quer por impossibilidade real de tempo, quer por limitação pessoal. Destrezas que, sem dúvida, requerem destacadas tenacidade e racionalização do empenho profissional, a despeito do excesso que lhe é inerente. Soma-se a isso o fato de que, além de tais atribuições imediatamente previstas, espera-se dos docentes universitários o cumprimento de um intrincado dever social e político que, amiúde, as condições conjunturais findam por nublar quase inteiramente: ser um "pensador" do presente.

No caso do campo pedagógico, é patente a demanda (legítima, em alguma medida, mas quase sempre impraticável) de que novos caminhos sejam deflagrados, desde a universidade, para as práticas educativas em curso, sobretudo aquelas da seara da escola básica, com vistas a redimir o ensino nacional de suas agruras constitutivas, a partir de seu exterior. Demanda arriscada e fadada ao fracasso, convenhamos.

Demanda impraticável não é sinônimo, contudo, de esforço irrealizável. Queiramos ou não, torna-se inevitável, mais cedo ou mais tarde, certa acareação entre a esfera das ideias pedagógicas e a empiria escolar, tratando-se de um patamar do trabalho universitário a que pouquíssimos docentes-pesquisadores conseguem acessar. Uma conquista, portanto, que não depende exclusivamente da boa vontade dos acadêmicos, mas, entre outros fatores, de seu grau de afinação em relação aos ditames concretos das práticas escolares. Ou o contrário absoluto disso, quando se trata de ultrapassar os clamores da época em favor de novos horizontes para o pensar e o agir. É o que se pretende aqui, devo esclarecer.

Além da incerteza de tal empreitada, é preciso nutrir, quer-me parecer, certa desconfiança em relação à atitude voluntarista que os docentes universitários são convocados a ter quando se trata de retribuir serviços à sociedade, de cumprir sua conclamada função social. Ater-se às suas funções historicamente preconizadas representa, creio, o limite desejável e seguro de tal retribuição.

Se, por um lado, o clássico tripé docência/pesquisa/extensão parece não esgotar as demandas do trabalho universitário, por outro, a mais instável e, por consequência, mais laboriosa de todas as atribuições aí em voga parece ser a escrita, compreendida aqui como a função pública *par excellence* do agir acadêmico, sua quintessência.

A produção escrita despontaria, assim, como o divisor de águas das práticas levadas a cabo na universidade. Por meio dela, galgar-se-ia o mais alto patamar dos fazeres docentes – o que é justificável apenas em parte. Isso porque o famigerado *publish or perish* pode ser letal quando está em causa um exercício delicado e moroso como é o de um pensamento não tarefeiro, não utilitarista, não apegado a grandiloquências descartáveis, não contingenciado pela celeridade dos tempos atuais.

Daí minha predileção pelos livros, sua textura, sua inteireza, sua potência anônima e inesgotável. Vê-los envelhecer conosco é um indicador sereno não apenas do que se viveu, mas, sobretudo, do modo como o fizemos, dos tantos reveses que aí se sucederam. "Mostra-me tua lavra e eu te direi quem foste", alguém haveria de dizer. Melhor seria reconhecer que a lavra de alguém é mostra de quem ele deixou de ser.

Ergue-se, assim, um desconforto agudo ao deparar-me com o que escrevi, pois sou obrigado a me reconhecer e, logo em seguida, a me desconhecer na escritura agora petrificada, impassível, alijada do traço de rasura que a constituiu. A criatura que, mesmo inacabada, se libertou prematuramente de seu feitor, não sem rancor, não sem mesquinhez. Às vezes Prometeu, às vezes Frankenstein, nunca Julio – essa ilusão amiúde incômoda.

Mesmo perpassado por tal inquietude sem trégua, a qual me força a identificar nos escritos pregressos algo mais da ordem do dejeto do que da transcendência, trago a convicção de que residiria em uma oferta deste tipo a resposta certeira ao que se demanda de um docente universitário: textos, apenas. Textos honestos. Textos pulsantes, quiçá.

Para tanto, longe de tomar a escrita de um professor como uma operação demiúrgica, anunciadora de horizontes tão mirabolantes quanto estapafúrdios (como sói acontecer), trata-se de exercê-la precisamente como um modo de vida que nada almeja senão, como Foucault bem o precisou certa vez, a recalcitrância do querer e a intransigência da liberdade.

A peculiaridade de tal modo de escrita residiria no fato de ela se projetar em um tempo por vir, distintamente da urgência do tablado da sala de aula, dos rogos comezinhos do presente que aí pedem voz e passagem. Uma prática viciosa, sempre inaugural e ao mesmo tempo vitalícia, da qual nunca se esquiva por completo e que ignora sua razão de ser na quase totalidade do tempo. Daí a exigência constante de ultrapassagem de si por parte do professor que escreve, desde que tome a si próprio como nada além de um amontoado de carne, ossos e alguma coragem – a matéria única de que, afinal, todos somos feitos.

À deriva do indizível, desafiando experiências partilhadas, forjando dissensos, o professor-escritor terá de se haver com um desapego desmedido: aquele de oferecer-se como eco de mundos que ainda não existem, em favor da irrupção de forças informes, germinais e sempre à espreita. Trata-se da regra capital de um jogo sem cartas marcadas com um tipo não especificado de leitor, tomado como uma potência informe ou, mais especificamente, um parceiro ainda por vir. Uma aventura demasiado solitária, contudo.

Nos intervalos abertos por esse tipo de escrita, há invariavelmente um acalorado e íntimo pedido de amizade intelectual, de adesão a um mundo novo que se esforça para ganhar estatuto de existência. A escrita de um professor clama, pois, por encontro, a fim de ludibriar a solidão congênita daquele que a ela se entrega. Encontro que só se efetiva com e pelo outro, não obstante anônimo, rarefeito, sempre tardio e jamais presente.

$$* * *$$

Iniciei meu percurso como professor universitário no final dos anos 1980, há mais de 25 anos; a maior parte deles vivida em salas de aula destinadas à formação inicial de professores. É desse lugar tão rebatido quanto insuspeito que me pronuncio. E não posso fazê-lo diferentemente.

Lugar acossado pela virulência das rotinas venenosas do pensar e do agir que tanto nos petrificam, rivais implacáveis que são das exíguas chances de que dispomos para fazer girar a grande engrenagem da vida que se abriga também nas salas de aula. Lugar em vertiginosa desertificação, que nos obriga a ter de vergar suas linhas rígidas a fim de que, talvez assim, se possam germinar acontecimentos inesperados exatamente lá onde se supunha nada haver além de esgotamento. Lugar apinhado de corpos jovens, conquanto estranhamente *destonificados*, entediados de véspera.

Tédio de manada, de tripulação, de freguesia. Tédio de quem pouco espera da instituição escolar, à qual dedicaram a quase totalidade de suas vidas e da qual subtraíram pouco além de uma sensação difusa de ludíbrio. Tédio de quem não conheceu nem o embaraço, nem o arrebatamento causados por certas ideias, por meio das quais as novas gerações talvez tivessem a oportunidade de se apoderar de sua breve passagem pelo mundo. Dificilmente o farão, admitamos. Aqui e acolá, algum alento há, mas quase sempre em estado germinal e, logo, em dissipação.

Eles chegam às centenas, dos mais variados destinos. E vêm como que blindados à possibilidade de uma experiência diversa da que já dispõem. O que portam em comum é a rara ou nenhuma aspiração ao ofício docente. Por que, então, prosseguem o périplo formativo? Por inércia, em princípio. Por imposição burocrática, sem dúvida. Em nome de uma alternativa profissional casuística no futuro, na maioria das vezes.

Estão lá, os alunos, lado a lado e a contragosto. Melhor dizendo, encarnam uma espécie de sina contraída no rito de passagem do vestibular. Ao derrotá-lo, não conquistaram libertação de nenhuma ordem, mas apenas novos encarceramentos, descobrirão mais tarde; razão pela qual, talvez, tenham se tornado transeuntes afoitos, que nem sequer desconfiam do que poderão vir a ser. Se virão, ou não, a sê-lo, só o tempo e as circunstâncias dirão. E o dirão, de qualquer modo.

Com efeito, a singularidade da experiência formativa daqueles futuros professores reside no fato de que algo aí se passa de modo distinto de outras áreas de habilitação profissional, nas quais as aulas definem-se mais como um mirante por meio do qual se faz professar certo objeto de conhecimento alhures. Isto é, procede-se a fim de que determinado domínio discursivo particular se ponha em movimento a partir da narrativa do professor, esta baseada na promessa de (re)apropriação de algo abstrato, alhures e sempre ausente. Uma relação de nítida exterioridade, portanto.

Quando se trata do âmbito da formação inicial docente, a sala de aula converte-se, ao contrário, em figura e, ao mesmo tempo, fundo do mundo ali anunciado; mundo composto de objetos sempre contingentes, não obstante disformes, íngremes e, no limite, evanescentes. Nesse tipo de encontro, professores e alunos encontram-se encharcados pela concretude daquilo que os faz ser quem são e quem porventura serão – esse acontecimento artesanal, sem ontem, nem amanhã, que é a docência. Daí as interrogações constantes do campo, seu caráter inexoravelmente aberto, inconcluso, laboratorial.

Absolutamente alheios a isso, os alunos chegam aos poucos. Arrastam-se até a porta da sala de aula, como que a postergar sua entrada o máximo possível. Uma vez nela, farejam, divisam, perscrutam a atmosfera ali reinante. Só os sentidos restam-lhes confiáveis nessa altura. A rendição ao lugar de aluno exigiria um *quantum* de confiança de que eles, definitivamente, não mais dispõem de antemão. Será preciso recobrá--la aos poucos. Uma tarefa custosa, mas não de todo impossível.

Na travessia do tempo, uma senha secreta torna--se, então, a chave-mestra para a transposição do existir docente, e poucos a conhecem: furtar a jovialidade dos alunos; apossar-se de sua gana por novidade; sorver a seiva da vida que lá se insinua irrefletidamente; vampirizá-los, enfim.

Mas nem só de astúcia e de desapego constitui-se a rotina de um professor. Há momentos trevosos, quando escasseia o fôlego, quando a espessura do encontro é ofuscada pelo desalento, quando os sobressaltos convertem-se em exasperação, quando o acaso resolve nos chicotear, fazendo-nos provar seu fel; momentos em que a confiança em relação à potência dos encontros é eclipsada pela espera de um porvir minguado ou pelo esgotamento proporcionado pelo ido.

Mostra indubitável disso são (afirmo-o por conta e prejuízo próprios) os reinícios dos semestres letivos. A cada novo recomeço, arrefece-se a prontidão para que meu espírito esteja a postos, para que ele entre em formação. Ocasião de puro tormento, mas também de alguma alegria. Tormento porque a experiência anterior de nada nos serve, já que os mais novos subvertem quase tudo que supúnhamos saber sobre o ofício. Eles são passageiros dispersos, sempre desatentos, que usurpam sem piedade o que levamos uma existência inteira para construir. Daí, estranhamente, uma sensação de alegria. Sem sabê-lo, os alunos condenam-nos a ter de nos deslocar sempre e sempre. Monotonia ali não há, tampouco pacificação do espírito.

Hoje bem o sei que, quanto mais se avança na idade, menos disposição parece haver para habitar o desterro que esse excêntrico vício decreta. E é aí que desponta seu avesso: o hábito. Pelo fato de que a docência demanda uma vitalidade constante, muitos tombam pelo caminho, ludibriados pelo sonho de uma existência rotineira e pacífica em sala de aula, quando tudo o que ela requer são extravagâncias. Ideal se se tratasse de uma ocupação intermitente, da qual se pudesse sair esporadicamente e a ela retornar mais tarde, apenas quando tomado por alguma inspiração criadora. Não o é, entretanto. Seus ditames circunscrevem-se a um trabalho vigilante e implacável de experimentação de modos inusitados de pensamento e de ação em sala de aula. Um trabalho que principia e, tantas vezes, se encerra naqueles que, por pura entrega, se incumbem de estranhar as coisas de nosso mundo – também e, sobretudo, as próprias estereotipias do gesto docente.

Daí a vida docente como existência incomensuravelmente exposta em sala de aula; uma exposição cujo despudor, por mais intenso, não consegue evitar certa tragicidade aí imanente: entre professor e aluno, há sempre algo a mais a ser dito. E não o será. É do que deixei de dizer a meus alunos que este livro se ocupa.

# Capítulo 1

# Um padre, um romancista e três filósofos: os contornos da autoridade

# Um padre, um romancista e três filósofos: os contornos da autoridade

Em uma obra escrita em 1935 (e publicada no Brasil quase três décadas mais tarde sob o título *Disciplina preventiva*), Louis Riboulet propõe-se a tecer um arrazoado sobre as bases da autoridade docente. Nela, o pedagogo francês, professor de filosofia e autor de obras de vulto à sua época (como os cinco volumes de *Historie de la Pédagogie*), traz à baila um conjunto de critérios balizadores para aqueles que pretendessem se devotar ao ensino, critérios que parecem continuar ecoando nas expectativas de boa parte de contemporâneos.

> *O que dá autoridade não são os anos, nem a elegância do porte, nem o tom e o timbre da voz, nem as ameaças, nem até os castigos; é antes e principalmente a disposição inalterável de bom humor, a decisão inabalável e mansa, um modo de agir impregnado de bom senso e criterioso, afastado de caprichos e violências* (1961, p. 29).

Como se pode atestar, a primazia de atributos como bom humor, concórdia, discernimento e, sobretudo, rejeição ao emprego de expedientes punitivos, revela-se surpreendente, levando-se em conta o nexo marcadamente disciplinador do ensino de então, muitas vezes entrecortado pela prática de castigos físicos.

Imbuído pelos ventos reformistas das primeiras décadas do século XX, Riboulet aponta duas dimensões complementares, porém distintas, de uma tão necessária quanto suficiente ascendência do mestre sobre seus alunos: a autoridade-função e a autoridade moral, sendo a primeira um privilégio adquirido, e a segunda, uma missão. No entanto, "vai, entre as duas, profunda diferença. Abismal. A primeira é apanágio do mestre. [...] Será preciso juntar-lhe a autoridade moral, que se adquire pouco a pouco, ao passo que se vai consolidando o prestígio do mestre" (p. 30).

Mas por que a primeira dimensão, sozinha, não bastaria ao intento pedagógico? A resposta é-lhe óbvia: "O menino é finório, ladino. Primeiro, quer experimentar as reações do novo mestre. Usa infinidade de artes e tramoias, para ver se consegue implantar a desordem. Triunfar. A autoridade-função, portanto, não basta" (p. 30). E será, a seu ver, apenas o prestígio do professor que poderá fazer frente às veleidades de rebeldia dos alunos.

> Aquele que, aparentando ingenuidade, se vale de astúcia enganosa; espertalhão.

Em seguida, apresenta um conjunto de conselhos práticos para os professores, tendo em vista o corolário segundo o qual "com a autoridade, impera a ordem; com a autoridade, aparece a estima, o respeito, a obediência; e fica possível a educação" (p. 28). O que se vê aí despontar é uma atenção expressamente preventiva aos contratempos disciplinares que assombrarão, de um modo ou de outro, o ofício docente. Tratar-se-á, então, de se antecipar à sua ocorrência, aplacando-os, quiçá extirpando-os. Retomemos as prescrições de Riboulet (1961, p. 31-32), na íntegra.

*1.Logo em vosso contato inicial com os meninos, apresentai--vos afoutos, e às tentativas deles contra a ordem, respondei firmemente sem ira nem fraqueza.* ⎤ Que têm coragem, ousadia; destemido.

*2. Não gasteis muito tempo para elaborardes uma resolução: mandai decididamente, de modo calmo, claro, preciso, como quem sabe perfeitamente o que deseja e quer. Não apareçais jamais feito mendigos que esmolam favores da docilidade, do respeito, da obediência; vossa vontade é que se deve impor à vontade do menino.*

*3. Não vos amedronteis com dificuldades que deparardes no começo; pensai que não são insuperáveis, que breve as debelareis. Olhai para a frente, atirai-vos às ondas, que haveis de nadar. É fato averiguado pela experiência: aos valentes atilados ocorre a inspiração adequada exatamente na hora de agir.* ⎤ Cumpridores das obrigações; escrupulosos, esmerados.

*4. A posição social do menino não é igual à vossa: não procureis viver com ele como se fosse colega vosso; houvéreis de sofrer prejuízos. Sempre observai as praxes.*

*5. Concebei ideias corretas quanto à autoridade. Ela serve para o proveito dos subordinados: o vinhateiro ou o floricultor usando da tesoura de podar machuca a planta, e é para maior benefício e rendimento dela. Tendes em mãos a autoridade, não será para mutilar senão para adestrar e para enriquecer a personalidade do menino.* ⎤ Fabricante de vinho.

*6. Não pretendais granjear já e já as simpatias; não ambicioneis popularidade fácil e rápida, fazendo desde logo concessões excessivas: ficaríeis logrados depois.*

*7. Usai de vossos direitos: não vos oculteis na penumbra. Não tolereis as fantasias do menino; quanto mais satisfações se lhe propinam, tanto mais exigências novas apresenta.* ⎤ Ministram.

*Uma fraqueza, ainda que mínima, acarretaria desordem; a menor longanimidade inoportuna redundaria lesiva à vossa autoridade. O menino acata os fortes e despreza os pusilânimes.* ⎤ Paciência, resignação com que se suportam contrariedades, malogros, dificuldades etc.

*8. Preservai vossa autoridade de qualquer ofensa; não deixeis impune, nunca, algum ato vergonhoso: mentira, murmuração ou maledicência, calúnia, irregularidade de nenhum quilate;* ⎤ Aqueles que revelam fraqueza moral; covardes, medrosos.

###### Um padre, um romancista e três filósofos: os contornos da autoridade

**Tradições, práticas, costumes.**

*além disso, evitai os termos da gíria ou muito jocosos: man-chariam vossa boa fama. Quando tiverdes de infligir algum castigo, fazei-o sem melindre dos brios do aluno, pois o que intentais neste tratamento cirúrgico é obra de salvação.*

*9. Exigir, por parte dos alunos, as devidas fórmulas e usan-ças da cortesia; usai, vós mesmos, todas as maneiras poli-das e deferências para com eles; fugi de familiaridades exageradas; não os tratei por "tu"; o mestre que o fizer, "não demorará sem que seja pago na mesma moeda".*

*10. Muito cuidado com vossas atitudes. Ajudam bastan-te as exterioridades: o traje correto e sempre asseado realça a dignidade. Maneiras comedidas e distintas, porém sem afetação, agradam bastante: simbolizam o respeito e inci-tam os alunos à imitação.*

As providências de Riboulet não deixam dúvida quanto ao substrato de força (e, vale frisar, em mão dupla) que não apenas entrecortaria a relação pedagó-gica, mas que lhe seria constitutivo. Encarnar o papel docente com bravura, diligência e segurança de espíri-to seria, assim, condição *sine qua non* para o êxito da empreitada. Note-se, porém, que nenhum dos conse-lhos do pedagogo se dirige ao âmbito propriamente epistêmico. O personagem de Riboulet, antes de ser alguém que ensina, é um gerenciador de condutas, próprias e alheias. Ensinar, aqui, equivale a governar.

Em 2003, Philippe Perrenoud, uma das figuras mais emblemáticas do cenário pedagógico globaliza-do, organizou um compêndio intitulado *L'École entre Autorité et Zizanie. Ou 26 façons de renoncer au dernier mot* (publicado dois anos mais tarde no Brasil). O verbete "autoridade", no início do livro, é assinado por Oliver Maulini. Nele, o professor da Faculdade de Psicologia e Ciências da Educação de Genebra formula uma definição na qual persistem semelhanças e irrompem diferenças em relação àquelas de Riboulet.

> *Os pesquisadores que os interrogam {os alunos} mostram, por exemplo, que o "bom professor", para eles, é um professor que sabe "ensinar bem", "explicar bem", "fazer com que se compreenda bem", em suma, um professor competente. Um professor "legal" e "disponível" também. Mas é principalmente um professor "exigente e imparcial", um professor que exerça uma "autoridade justa", sem "abusar de seu poder". O bom professor, em resumo, é compreensível e compreensivo, não renuncia a suas responsabilidades, exerce sua autoridade, mas não abusa dela. Porque ele assume plenamente essa autoridade, os alunos autorizam-se a aprender, não se submetem à sua onipotência, mas progridem para substituí-lo um dia* (PERRENOUD, 2005, p. 22).

Se subscrevêssemos a perspectiva anterior, eivada por matizes finalistas, restar-nos-ia apenas admitir que qualquer esforço de análise do *éthos* docente na atualidade redundaria em algo supérfluo, mediante o inabalável consenso acerca da conduta de um professor, segundo o qual sua autoridade residiria em uma espécie de circularidade voluntarista: se ensinar bem, sem abusos e com responsabilidade, passará a ser detentor de prestígio com seus alunos; se não, estes renunciarão a seu papel, desautorizando-se a obedecê-lo e, portanto, desobrigando-se de aprender. A circularidade em questão ancora-se na premissa de que o exercício da autoridade de um professor se firmaria como causa e, ao mesmo tempo, efeito de ações competentes de sua parte. Bastaria, portanto, desempenhar seu papel de modo eficaz para angariar a aquiescência do alunado, evitando-se, com isso, que a engrenagem pedagógica conhecesse sobressaltos, descontinuidades, disrupções.

Prossegue o teórico belga, acrescentando um novo e decisivo fator à equação da autoridade: trata-se de uma relação de poder que, agora, visando à emancipação do alunado, deve ser constantemente legitimada por este. Para que sejam autorizadas, as ações docentes deverão contar com uma participação ativa do outro. Em outros termos, a autoridade de um professor deveria ser secundada por um modo de agir expressamente democrático/democratizante.

> *Um poder legítimo, em democracia, é um poder negociado, discutido, institucionalizado. Não é o poder do mais forte ou do mais esperto, mas o poder de uma pessoa "autorizada" a exercer a autoridade. {...} As regras fixadas, se quiserem "impor-se", devem ser conhecidas e reconhecidas por todos. Devem ser justas e justificáveis. Não devem repousar sobre o poder discricionário de cada adulto, mas sobre uma política ajustada, única garantia de um mínimo de objetividade. Não devem ser negociadas com os alunos, mas devem instaurar espaços de liberdade, de responsabilidade e de debate, espaços que auxiliem e que obriguem, ao mesmo tempo, a deixar o face a face assumindo a proibição da lei: identificar e mostrar conflitos, buscar soluções para resolvê-los, inventar regras e novas instituições, avaliar e criticar seu impacto, em suma, preparar, exercendo-o, o "patriotismo constitucional" de que fala Habermas. Essa ética democrática é exatamente o contrário de uma "demissão" dos professores. Ela requer mais exigência, mais cooperação, mais competências e mais saberes. Mais autoridade, em suma (p. 22).*

Alinhada a tal diapasão discursivo, a maior parte das discussões contemporâneas acerca da temática da autoridade no meio educacional, quer-nos parecer, valer-se-ão de um recurso argumentativo de acordo com o qual serão democráticas as iniciativas em que os alunos, antes meros receptáculos da intervenção docente, passem a ser igualmente responsáveis pela tessitura da ambiência normativa das salas de aula.

Tal perspectiva terá na figura emblemática de Paulo Freire, talvez, sua expressão plena. Em uma entrevista concedida no final da década de 1980 (D'ANTOLA, 1989), o eminente educador deixa claro seu ponto de vista sobre a questão. Para ele, não se trataria de disciplinar os alunos, mas de agir de modo tal a que eles próprios se autodisciplinassem, o que exigiria uma forte crença da parte deles na palavra e no testemunho das figuras de autoridade com as quais travam contato em sua lida diária: pais e professores. Para tanto, dois expedientes, situados em extremidades opostas da cultura, deveriam ser combatidos: o autoritarismo e a licenciosidade.

> No caso brasileiro, hoje, para falar só no Brasil, um dos problemas que a gente tem é essa confusão que é a cultura machista, que é a cultura autoritária. O brasileiro é tradicionalmente autoritário. É incrível a confusão entre autoritarismo e expressão viva da autoridade. É preciso separar esse "traço" e criticar, dizer não. A autoridade é necessária como a liberdade. É preciso deixar de aceitar de um lado o autoritarismo e, do outro, a licenciosidade. Porque na licenciosidade tu também não tens a liberdade, tu tens anarquia (p. 5).

Crivado, de um lado, pela memória de um passado opressivo e, do outro, pelo fantasma de um futuro em desgoverno, o presente escolar, não obstante frequentemente reputado como defasado ou mesmo incompatível em relação às demandas do mundo democrático, teria a missão precípua de, paradoxalmente, representar uma antecâmara desse mesmo mundo. Por meio do emprego de um tipo de autoridade não arbitrária, caberia aos docentes forjar um modo renovado de ordenação das regras e convenções escolares, agora não mais impostas de modo heteronômico (não mais opressivas ou autoritárias), mas consoantes a um agir inclusivo, equitativo, justo, enfim; sempre com vistas ao despertar de uma consciência crítica, desmistificadora e emancipatória dos atores sociais envolvidos. Daí a conclamação inconteste de uma humanização temperante das relações entre seus protagonistas.

Caber-nos-ia, entretanto, indagar: teríamos encontrado, na exortação de um princípio de ação dito democrático, a pedra filosofal de todo o trabalho educativo? Residiria aí o equacionamento (não menos vago do que ambicioso) de todas as suspeitas que fustigam as existências docentes, quando do endereçamento às novas gerações?

Ora, mais do que um truísmo de época, a unanimidade retórica em torno de ações educativas partilhadas, cooperativas, dialógicas etc. finda por se converter em um imperativo politicamente correto, mas empiricamente neutro, sobretudo quando entram em cena as intrincadas injunções da instituição escolar na atualidade.

Segundo os próprios agentes escolares, o exercício factível de sua autoridade profissional, na contramão de qualquer traço de idealização, encontrar-se-ia sob constante ameaça e, em alguns casos, ruína, já que sua lida seria atravessada por um sem-número de chamamentos de diferentes ordens, muitas vezes tidos como sobrecarga ou obstáculo em relação às suas atribuições ordinárias, antes circunscritas ao bem ensinar; chamamentos oriundos exatamente dos ditames da contemporaneidade democrática – seja no que se refere à difícil delimitação das fronteiras da ação escolar (o que ensinar?), seja no viés do pluralismo participativo de seus ocupantes (como ensinar?).

No primeiro caso, partindo da premissa de que a escola republicana erigiu-se política e historicamente como uma espécie de fiel depositário e, ao mesmo tempo, centro irradiador de uma cultura comum a que todos os cidadãos teriam direito, François Dubet (2008) apresenta uma longa lista de questões à espera de resposta, desvelando as ambiguidades constitutivas do projeto francês de formação escolar (em larga medida, análogas ao caso brasileiro) que, queiramos ou não, o presente democrático mostra-se longe de ser capaz de equacionar. Riboulet jamais as cogitara ou previra, isso é certo.

> O que deve saber e saber fazer o mais desprovido dos alunos a fim de que a escola, no que concerne à sua responsabilidade, lhe possibilitasse levar uma vida considerada boa? Aqui a questão do justo desaparece diante da do bem. O que deve saber um cidadão hoje? Quais são as capacidades de base (ler, escrever, contar...), os conhecimentos gerais e as competências cognitivas indispensáveis para enfrentar o mundo e continuar a sua formação? Como definir o civismo e o sentimento de pertencimento a uma comunidade nacional e europeia? Que competências práticas deve possuir não

> *importa que aluno egresso da escola? A informática e o direito fazem parte disso, como a capacidade de falar em público? Que língua(s) estrangeira(s) se deve conhecer? Que valores comuns e que capacidades críticas deve adquirir cada aluno se não se quer deixar para a TF1 e para a M6 {canais da televisão francesa} a formação de cidadãos, e quando se sabe que o sentimento de "competência política" está ligado ao nível de instrução?* (p. 80).

No segundo caso, uma situação concreta exemplar é oferecida por Anne Barrere e Danilo Martucelli (2001), referente às formas da narratividade em circulação nos meios escolares: de um lado, a transmissão dos saberes canônicos, apoiada na cultura escrita e ditada unicamente pelo professor; do outro, o universo da comunicação interpessoal dos alunos e sua trivialidade característica, condicionadas, ambas, por aparatos visuais/orais e pela troca igualitária e volátil entre os pares.

Se antes a autoridade de um professor era sustentada, bem ou mal, por comandos compulsórios de obediência e de respeito, a reboque de uma estratificação discursiva verticalizada, agora o advento de práticas comunicacionais simétricas, ao conferir-lhes igual direito à palavra, teria operado consequências irreversíveis sobre o diagrama das trocas entre os parceiros escolares.

> *A começar pelas modificações que acarretam na relação com a autoridade, que se torna, antes mesmo de qualquer discussão acerca de sua legitimidade ou da legitimidade das normas, uma questão de reciprocidade relacional. Os alunos exigem respeitos horizontais. Para eles, a relação pedagógica correta tem uma natureza igualitária e supõe um respeito mútuo e um equilíbrio dos sentimentos. A maioria dos alunos*

*não contesta os alicerces da autoridade, mas pede um tratamento recíproco, exigência incontornável, anterior ao universo de comunicação em que estão imersos* (p. 269-270).

Temos aí uma significativa exemplificação do impacto dos modos de vida contemporâneos sobre o *modus faciendi* escolar, redundando em um tipo de autoridade de seus agentes construída (para o horror de Riboulet, pode-se deduzir) não mais pela fidelidade diligente a uma narratividade onisciente e onipotente, mas a partir de jogos de reciprocidade dialógica difusos, horizontalizados e policêntricos, a tal ponto que "a relação pedagógica não seja exclusivamente fundada na oposição entre quem sabe e quem ignora, mas que possa contemplar a reversibilidade dos papéis educativos. Ou seja, os professores precisam aprender a aprender com os alunos" (CANÁRIO, 2006, p. 23).

Sinais de novos tempos? Evidências de um presumível progresso civilizatório? Conquistas democráticas irreversíveis? Não se poderia dizer tanto. Bem menos entusiastas são Pierre Bourdieu e Patrick Champagne (BOURDIEU, 1997), ao apontarem as contradições inerentes à escolarização de massa como prática social aberta a todos e, ao mesmo tempo, reservada a poucos; prática que lograria "[...] a façanha de reunir as aparências da 'democratização' e a realidade da reprodução, que se realiza em um grau superior de dissimulação, e por isso com um efeito maior ainda de legitimação social" (p. 485).

Para eles, a experiência sistemática de fracasso dos alunos oriundos de famílias populares teria sido responsável por reações múltiplas de resistência à institucionalização escolar, gerando não apenas desqualificação da autoridade docente, mas também a produção de uma imagem de si "duramente arranhada ou mutilada" (p. 484) por parte do alunado, condenado a oscilar entre "a submissão ansiosa e a revolta impotente" (p. 485). Trata-se aqui, precisamente, dos "excluídos do interior" escolar.

> *Acabou o tempo das pastas de couro, dos uniformes austeros, do respeito aos professores — todos sinais externos da adesão, que os filhos das famílias populares sentiam em relação à instituição escolar, e que hoje se transformou numa relação mais distante: a resignação sem ilusão, mascarada em indiferença impertinente, é evidente na pobreza exibida do equipamento escolar, a tira elástica para segurar os cadernos, as canetas descartáveis que substituem a pena e a caneta-tinteiro, nos sinais de provocação em relação ao professor, como o* walkman *levado até a classe, ou as roupas, cada vez mais folgadas, com mensagens estampadas, como o nome de grupos de* rock, *que querem lembrar, dentro da própria Escola, que a vida verdadeira está fora daí* (p. 485-486).

Crítica igualmente inclemente é aquela tecida pelo crítico literário e filósofo George Steiner (2005). Em *Lições dos mestres*, uma das obras, a nosso ver, mais impactantes sobre o ofício docente, ele assim reputa o ensino oferecido às novas gerações:

> *Milhões de pessoas tiveram e têm suas experiências da matemática, da poesia, do pensamento lógico aniquiladas por um ensino assassino, pela mediocridade talvez subconscientemente vingativa de pedagogos frustrados. {...} A maioria daqueles a quem confiamos nossos filhos na escola secundária, daqueles em quem procuramos orientação e exemplo na universidade, são, em maior ou menor intensidade, gentis coveiros. Esforçam-se por reduzir o interesse de seus alunos a seus próprios níveis de tédio e indiferença* (p. 31-32).

As incisivas análises de Bourdieu/Champagne e Steiner obrigam-nos, enfim, a indagar: qual a razão de ser do coro onipresente de que as escolas se consagrem como epicentros da vida democrática, o celeiro do futuro, o berço de uma sociedade mais esclarecida, mais justa e, por fim, mais humana? Dito de outro modo: a que se presta a defesa de uma escola sempre fulgurante, embora de todo ausente?

É esse paradoxo fundante da atualidade educacional que, a nosso ver, justifica a tematização dos contornos do *éthos* docente, hoje.

Vejamos, a seguir, três possibilidades de análise do espectro da autoridade docente, a partir de planos e contextos de pensamento díspares e, em certa medida, heterogêneos em relação à doxa pedagógica contemporânea.

## 1. O professor e a palavra

Há pouco mais de 350 anos, uma terrível constatação atormentava o Padre António Vieira: a ineficácia dos sermões de então. Terrível se levarmos em conta o fato de que, até então, nunca houvera

> *{...} tantas pregações, nem tantos pregadores como hoje. Pois se tanto se semeia a palavra de Deus, como é tão pouco o fruto? Não há um homem que em um sermão entre em si e se resolva; não há um moço que se arrependa; não há um velho que se desengane. Que é isto?* (2000, p. 33).

Relutante, o padre católico inquieta-se ante o pouco fruto das pregações quando comparado ao infinito poder da palavra divina, esta fonte exclusiva daquelas.

No magistral *Sermão da Sexagésima*, pregado em 1655 em Lisboa, o Padre Vieira dispõe-se a examinar as razões do fracasso dos sermões tomando como contraponto a consagrada parábola bíblica da semeadura do trigo. Versando inicialmente sobre os requisitos do semear, o padre português aponta, de largada, um atributo indispensável do semeador: ele terá de sair, enfrentar infortúnios vários, jamais retornar; em suma, perseverar.

Aquele que semeia a palavra divina encontrará espinhos, pedras, aves e homens; e todos se lhe armarão contra. "As pedras secaram-no [o trigo], os espinhos afogaram-no, as aves comeram-no, e os homens? Pisaram-no" (p. 30). Mesmo diante de toda a adversidade (e quiçá por isso), persiste intacta sua missão: há de pregar sem trégua a toda criatura. E decerto encontrará toda sorte de humanidade: homens-pedra, homens-tronco, homens brutos, homens-homens. Donde o cardápio de seu infortúnio: trigo mirrado, trigo afogado, trigo comido, trigo pisado.

Não obstante sua má fortuna, a perseverança, se dela dispuser o semeador, garantir-lhe-á proveito, uma vez que, segundo a parábola, "ainda que se perderam os primeiros trabalhos, lograr-se-ão os últimos. [...] Depois de perder a primeira, a segunda e a terceira parte do trigo, [o semeador] aproveitou a quarta e última, e colheu dela muito fruto" (p. 32).

O Padre Vieira compõe um discurso prodigioso, oferecendo excertos de rara beleza, como o que se segue. Trata-se de uma recomendação ainda plenamente cabível nos dias atuais:

*Já que se perderam as três partes da vida, já que uma parte da idade a levaram os espinhos, já que outra parte a levaram as pedras, já que outra parte a levaram os caminhos, e tantos caminhos, esta quarta e última parte, este último quartel da vida, por que se perderá também? Por que não dará fruto? Por que não terão também os anos o que tem o ano? O ano tem tempo para as flores e tempo para os frutos. Por que não terá também o seu outono a vida?* (p. 32).

Logo adiante, o *Sermão da Sexagésima* atinge seu meandro retórico. Trata-se da sequência textual em que o orador examina as possíveis causas do malogro dos sermões. Segundo ele, para que a palavra cristã tenha eficácia, são indispensáveis três afluências: Deus com a graça, alumiando; os ouvintes com o entendimento, percebendo; o pregador com a doutrina, persuadindo. Daí que o insucesso dos sermões só poderia advir de uma dessas três instâncias. E cada uma será pormenorizada.

Quanto à primeira, o Padre Vieira de imediato refuta a responsabilização divina, já que "por parte de Deus não falta, nem pode faltar" (p. 32). Retomando a parábola da semeadura, o pregador afirma:

*Deixará de frutificar a sementeira {...} por falta das influências do Céu, isso nunca é, nem pode ser. Sempre Deus está pronto da sua parte, com o Sol para aquentar, e com a chuva para regar; com o Sol para alumiar, e com a chuva para amolecer, se os nossos corações quiserem* (p. 34).

Sobre os ouvintes, o Padre Vieira é incisivo:

*{...} se são bons, faz neles fruto a palavra de Deus; se são maus, ainda que não faça neles fruto, faz efeito.*

*{...} E se a palavra de Deus até dos espinhos e das pedras triunfa; se a palavra de Deus até nas pedras, até nos espinhos nasce; não triunfar dos alvedrios hoje a palavra de Deus, nem nascer nos corações, não é por culpa, nem por indisposição dos ouvintes {...}* (p. 34-35).

Refutadas as duas hipóteses, só restará ao Padre Vieira concluir que o pouco fruto da palavra é de responsabilidade daqueles que por ela se incumbem: os pregadores. Mas em que consistiria propriamente o delito dos semeadores da palavra? Segundo suas conjecturas, dever-se-ia a uma ou várias das seguintes circunstâncias: a pessoa que o pregador é; o estilo que segue; a matéria que trata; a ciência que possui; a voz com que fala.

E, novamente, cada uma das hipóteses será pormenorizada para, logo em seguida, ser refutada. O inimigo mora alhures, conforme se descobrirá mais tarde. Sobre a pessoa do pregador, o Padre Vieira destaca a força moral do exemplo:

*Ter o nome de pregador, ou ser pregador de nome não importa nada; as ações, a vida, o exemplo, as obras, são as que convertem o Mundo. O melhor conceito que o pregador leva ao púlpito, qual cuidais que é? – O conceito que de sua vida têm os ouvintes* (p. 36).

Exalta-se a reputação do orador, para além de sua oratória. Pregar, diz ele, não se faz com a boca, mas com as mãos, destinando-se aos olhos dos ouvintes, não aos seus ouvidos. Em que pese a evidência de seu argumento, o religioso admite que essa não é a causa primordial ou exclusiva da derrocada dos sermões.

A suposição seguinte remete aos artifícios rebuscados utilizados na pregação (moda de então), aos quais o Padre Vieira não se alinha. Diz ele:

> {...} o semear é uma arte que tem mais de natureza do que de arte. Nas outras artes tudo é arte; na música tudo se faz por compasso; na arquitetura tudo se faz por regra, na aritmética tudo se faz por conta, na geometria tudo se faz por medida. O semear não é assim. É uma arte sem arte, caia onde cair (p. 39).

Comparando a composição do sermão à ordem celeste e as palavras escolhidas às estrelas, o Padre Vieira advoga em favor de um estilo mais natural, distinto e claro, avesso aos exageros e obscurantismos dos cultistas modernos. Mas finda por capitular novamente. Não é essa a razão exclusiva do malogro da palavra.

O Padre Vieira prossegue sua busca, agora enfocando os temas tratados pelo pregador. Seu posicionamento é certeiro: "O sermão há de ser duma só cor, há de ter um só objeto, um só assunto, uma só matéria" (p. 42). Ele se espanta com a profusão de temas abordados nos púlpitos e, consequentemente, com a superficialidade daí decorrente. A fim de evitá-las, evoca a analogia entre o sermão e a árvore: as raízes deverão estar fundadas nas Escrituras, as quais devem sustentar um só tronco (uma única matéria), do qual derivarão ramos, folhas, varas, flores e, por fim, frutos. Entretanto, mais uma vez, o religioso acaba aquiescendo; não é essa a verdadeira causa que busca.

Sua quarta incursão hipotética remete à ciência do pregador, isto é, a seu domínio daquilo que prega.

Eis que temos: "O pregador há de pregar o seu, e não o alheio" (p. 43), o que significa que é preciso valer-se das próprias armas argumentativas para persuadir os ouvintes. Amparando-se na analogia com Eva, refere-se à maçã furtada como algo que "é bom para comer, porque dizem que é saboroso; não é bom para semear, porque não nasce" (p. 43). E, assim, demonstra sua tese de que pregar em nada se assemelha a recitar outrem. Isso porque "as razões não hão de ser enxertadas, hão de ser nascidas. [...] As razões próprias nascem do entendimento, as alheias vão pegadas à memória, e os homens não se convencem pela memória, senão pelo entendimento" (p. 44). Entretanto, alguns exemplos bíblicos não permitem que se tome essa variável como ponto de chegada de sua obstinada busca.

Há, ainda, a quinta e última hipótese causal do insucesso da pregação: a voz de que se vale o orador. "Antigamente pregavam bradando, hoje pregam conversando. Antigamente a primeira parte do pregador era boa voz e bom peito" (p. 45). Diante do efeito retórico dos brados, o Padre Vieira aconselha que a voz do pregador, feito um trovão, por vezes faça tremer o mundo. No entanto, pondera que "falar mais ao ouvido que aos ouvidos, não só concilia maior atenção, mas naturalmente e sem força se insinua, entra, penetra e se mete na alma" (p. 46), fazendo que a palavra se assemelhe ao orvalho que cai sem alarde. Eis porque, novamente, não temos aqui a causa primordial da ineficácia dos sermões.

Chegamos, enfim, ao ponto nodal do *Sermão da Sexagésima*: se todas as cinco hipóteses averiguadas, juntas ou separadamente, não são suficientes para justificar o malogro das pregações, qual seria a verdadeira e única causa para tal? "É porque as palavras dos pregadores são palavras, mas não são palavras de Deus. [...] Pregam palavras de Deus, mas não pregam a Palavra de Deus" (p. 46-47). A razão da tormenta pela qual passava a Igreja Católica, segundo o padre português, residia em não tomar as palavras da Escritura em seu sentido verdadeiro. O pregador cairia, pois, em tentação. Em suma, o maior delito dos pregadores de então era o "falso testemunho".

Adensando sua crítica aos falsos pregadores, evoca então a profecia de São Paulo, segundo a qual chegaria um tempo em que os homens "fecharão os ouvidos à verdade, e abri-los-ão às fábulas" (p. 49). Eis aquilo no que, segundo ele, os púlpitos teriam se convertido: palco de fingimento, comédia, farsa enfim. A título de exemplificação de seu horror, o Padre Vieira oferece uma visão ácida do pregador obscurantista de então:

> *Vemos sair da boca daquele homem, assim naqueles trajos, uma voz muito afetada e muito polida, e logo começar com muito desgarro, a quê? A motivar desvelos, a acreditar empenhos, a requintar finezas, a lisonjear precipícios, a brilhar auroras, a derreter cristais, a desmaiar jasmins, a toucar primaveras, e outras mil indignidades destas. Não é isto farsa a mais digna de riso, se não fora tanto para chorar?* (p. 50).

Diante de tal embuste, só restará ao Padre Vieira, nos encaminhamentos finais do *Sermão da Sexagésima*, formular duas precisas advertências complementares.

Primeiramente, é preciso enfrentar o desprezo e a zombaria dos ouvintes, caso não apreciem o que o pregador, por força do ofício, é compelido a dizer. "Que médico há que repare no gosto do enfermo, quando trata de lhe dar saúde? Sarem e não gostem; salvem-se e amargue-lhes, que para isso somos médicos das almas" (p. 51). Em segundo lugar, a mesma obstinação cética é aviada para a situação inversa: os aplausos dos ouvintes.

> *{...} o frutificar não se ajunta com o gostar, senão com o padecer; frutifiquemos nós, e tenham eles paciência. A pregação que frutifica, a pregação que aproveita, não é aquela que dá gosto ao ouvinte, é aquela que lhe dá pena. Quando o ouvinte a cada palavra do pregador treme; {...} quando o ouvinte vai do sermão para casa confuso e atônito, sem saber de si* (p. 51).

Como ilustração derradeira, o Padre Vieira cita um episódio segundo o qual se confrontavam, em Coimbra, dois famosos pregadores. Alguns "doutores da Universidade" debatiam sobre qual deles detinha maior eficácia. Um deles manifesta-se da seguinte maneira: "[...] quando ouço um, saio do sermão muito contente do pregador; quando ouço outro, saio muito descontente de mim" (p. 51).

Eis, no segundo caso, o fruto da palavra com que o Padre Vieira sonhava. Poderíamos, hoje, imaginar algo semelhante no campo pedagógico?

Alguns paralelos podem ser traçados entre o estado de coisas descrito pelo Padre Vieira e aquele da escolarização brasileira contemporânea, a começar pela insistente atmosfera de instabilidade que parece caracterizá-la. Guardados os devidos limites e proporções, nossas salas de aula muito se assemelhariam aos auditórios religiosos de três séculos e meio. Lá, a primazia do discurso religioso encontrava seu ocaso; aqui, parece ser a vez da narratividade laica.

A título de exercício ideativo, percorramos um breve trajeto semelhante àquele formulado pelo Padre Vieira, empregando os mesmos crivos argumentativos.

É certo que nunca houve na história da educação brasileira uma oferta tão extensiva de vagas escolares, bem como diretrizes tão explícitas quanto à permanência durante os anos mínimos previstos legalmente. Entretanto, o parco rendimento das plateias escolares está aí para nos estarrecer ou, ao menos, nos constranger, se não como categoria profissional, ao menos como testemunhas deste tempo histórico.

À moda do padre católico, indaguemos: qual a razão do minguado fruto escolar? Qual o fundamento da degradação da palavra civil, laica, propriamente humana: a matéria-prima das narrativas escolares?

Se a palavra docente traz em seu bojo o vigor dos feitos humanos, por que tamanha inépcia quanto à sua repartição entre os mais jovens? Mais ainda, se é do conhecimento humano que se nutre e se legitima o lugar institucional docente, como compreender a labilidade do ensino atual, seja em sua versão privado-mercantilista, seja em sua configuração estatal-caritativa? Que o pregador lance luzes sobre nosso claudicante presente.

Claro está que, para que haja ensino, precisam concorrer três instâncias: o conhecimento, o aluno e o profissional. Disso todos temos ciência. Ao primeiro, se tomado em sua vertente clássica, nada falta (a não ser que imaginemos uma escola pragmatista, amnésica, que não dialogue com o passado). Ao segundo, recém-chegado ao mundo, nada pode faltar de véspera – a não ser que tomemos o efeito como causa dos intentos escolares. Resta o terceiro elemento. Se referendarmos um percurso diagnóstico analógico ao do Padre Vieira, seremos levados a crer que o pouco fruto das narrativas escolares remeteria aos que dela se incumbem.

Se tal asserção estiver correta, cumpre-nos indagar: qual o predicado básico daquele que, hoje, se dispõe a ensinar, senão uma obstinação semelhante à que o Padre Vieira imputa ao pregador? Nos moldes do semeador, ele terá de amargar várias desventuras. E sua palavra secará entre as pedras do corporativismo, afogar-se-á entre os espinhos da burocracia, será devorada pelas aves das especialidades parapedagógicas, será pisoteada pelos homens inescrupulosos do ensino público ou pelos empresários gananciosos do ensino privado ou confessional. Detração haverá em toda parte, isso é certo.

Mas recordemos: uma quarta parte da semeadura vingará, e dela o profissional da educação tirará todo o proveito. Só não nos é dado saber de antemão nem onde nem quando isso sucederá. Eis o maior mistério do ofício educativo.

Persistamos na trilha do Padre Vieira. Quais as circunstâncias propagadoras do naufrágio educativo? Poderiam referir-se a cinco quesitos, todos eles substanciados na ação docente: sua vinculação com o posto; o método do qual é signatário; o que elegeu para ensinar; o domínio que porta disso; o modo como o faz. A seguir, examinemos um a um.

Quanto ao primeiro quesito, é preciso que haja envolvimento patente com o universo do conhecimento acumulado, cuja propagação o professor elegeu como lida. Um tipo de afetação instituinte, poder-se-ia dizer, que se transmutasse mais tarde, aos olhos do aluno, em uma espécie de testemunho de uma existência devotada ao ato de pensar. Sem isso, ensino não há; aprendizado, tampouco.

O segundo esquadrinhamento do posto docente contempla a adesão a determinadas prescrições metodológicas – muitas vezes realizada de modo salvacionista e acrítico. Melhor seria preconizar um estilo simples, sem rodeios, sem excesso de artifícios, já que o que mais conta são a singularidade e a persistência do trabalho de narrar os segredos de determinado campo de conhecimento.

O terceiro ponto diz respeito à extensão dos conteúdos eleitos. A profusão de assuntos é refratária ao logro docente, o qual, por sua vez, restringe-se a certo minimalismo temático e boa dose de discernimento. Ensinar poucas coisas para ensiná-las com profundidade. Ensinar, enfim, os fundamentos do pensamento em determinado campo de conhecimento, sempre com vagar e destreza: eis um dos segredos da docência.

A quarta dimensão, crucial à palavra docente, refere-se ao domínio que se possui daquilo que se ensina. Há de haver um professor que pense em voz alta e com liberdade diante dos alunos, capaz de recriar as bases do campo de conhecimento em questão. Portanto, ensinar jamais se coaduna com repetir informações. O trabalho em sala garantiria, assim, sua cota de criação.

A quinta e última condição para o exercício docente aponta para o tipo de eloquência da qual o professor se vale. O brado, tal qual o pouco alarde, será empregado com base nas reivindicações cambiantes do campo concreto. Ora o clamor, ora o sussurro; ora o rogo, ora o mandamento. O que de fato faz diferença é o lastro da palavra por parte daquele que a professa, ou seja, o tipo de ressonância que produz.

Ponderemos: todos os quesitos anteriores, se contemplados em conjunto, não garantiriam compulsoriamente o triunfo da empreitada docente, do mesmo modo que a ausência de um deles não acarretaria necessariamente a derrocada educativa. Isso porque se trata de condições necessárias, mas não suficientes para a lida pedagógica.

Desta feita, em que consistiria a razão primordial da falência educativa? Com base nas prospecções do Padre Vieira, a resposta seria uma só: no "falso testemunho" dos atuais profissionais da educação, do qual resultaria o colapso narrativo do posto e ofício docentes. Porque ausente de convicção na potência transformadora do ato de pensar diferente, a palavra docente encontrar-se-ia esvaziada de sentido, de força e de efeito. Tal colapso narrativo redundaria em um triplo delito ético-político, consubstanciado: no desapego ao legado humano (a apatia para com o passado); no descaso pelas novas gerações (a imprudência para com o futuro); e no desapreço ao modo de vida democrático (a negligência para com o presente).

Seja pela via da deserção (quando abandona seu posto ante a refração dos destinatários), seja pela da fraude (quando macula seu ofício em favor dos apetites da freguesia), o profissional da educação estaria condenado a carrear o que de mais nefasto poderia haver para o campo pedagógico: a ruína e, em longo prazo, a dissipação da palavra laica no horizonte das relações entre os homens. Um mundo público em agonia, pois.

## 2. O ensino como ato comum

No romance autobiográfico *Quase memória: quase romance*, Carlos Heitor Cony traz à baila as experiências com seu memorável pai por ocasião da preparação daquele, na década de 1930, para os exames de admissão do seminário.

No período dos cinco meses anteriores às provas, o pai de Cony decide tomar para si a tarefa de capacitar o filho para enfrentar aquilo que era considerado à época um desafio rigorosíssimo, ainda mais porque, até então, o garoto não frequentara regularmente os colégios em virtude de um problema de dicção.

> *Aprendera a ler e a escrever – e só. Fazia contas nos dedos – e geralmente erradas. Com nove para dez anos, já era um retardatário na vida. Havia agora o desafio. Os exames exigiam um nível igual ou superior ao do curso primário completo. [...] Eu teria de fazer, em cinco meses, o equivalente aos cinco anos do primário para me habilitar à admissão de um curso ginasial truculento* (1995, p. 104).

Iniciam-se os trabalhos, considerados pela mãe do menino demasiado austeros. Deveria o filho/aluno acordar às sete horas da manhã e ter aulas até as dez.

Das duas às cinco, ele se dedicaria aos deveres, e, aos domingos, as aulas prosseguiriam o dia todo. Quanto às funções do pai/professor, temos o seguinte:

> O quadro-negro, o giz, o apagador, os cadernos, tudo fazia parte de uma técnica especial e inédita para ele: "De como ensinar em casa um filho retardado a fazer exames". Era, na vida dele, a primeira experiência no gênero, mas parecia que nunca fizera outra coisa – tantas regras ditou para mim e para ele. Além do equipamento básico de uma escola, do horário estipulado, ele redigiu regras suplementares que copiou com sua melhor letra (à qual não faltaram borrões) colocando o papel na porta do meu quarto, a fim de que, a cada manhã, ao acordar, eu tomasse conhecimento do que faria na vida em geral e naquele dia em particular. Uma dessas regras obrigava a me preparar física e espiritualmente para as aulas que ele daria na sala, na sua escrivaninha escura (p. 105).

Após a higiene pessoal e a organização da sala tornada *setting* pedagógico, a cargo do menino, os trabalhos do dia começavam com as correções, sempre rigorosas, dos exercícios que o pai/professor prescrevera na véspera. Quando detectava um erro, riscava a página do caderno com um "enorme zero, escrevendo dentro dele a palavra 'zero', a fim de não deixar terreno onde pudesse plantar uma dúvida ou contestação" (p. 105). Às vezes, mandava o filho/aluno para a lousa e repetia o exercício. As matérias ensinadas eram Português, Aritmética, Geografia, História do Brasil e Ciências.

Afora o trivial pedagógico, o pai tinha, segundo Cony, "ideias que infelizmente, pelo resto da vida, nunca mais encontrei em outros professores que passaram pelo meu caminho" (p. 106).

Novato no ofício, o pai/professor, vez por outra, arriscava algumas experiências pedagógicas alternativas. Uma delas em particular, referente aos pontos cardeais, é relembrada em detalhes pelo escritor:

> *Pelo menos naquele tempo, a ilustração era suficiente para que uma geração de meninos em todos os quadrantes do globo terrestre soubessem onde era o norte e o sul, bastando ficar de frente para o sol no momento em que este nascia e, ao abrir os braços, poder se orientar, na certeza de que atrás dele ficava o oeste. Para o pai era pouco. Na véspera da lição, ele deixou escrita no quadro-negro uma mensagem para mim: "Amanhã, às cinco e meia, impreterivelmente, partiremos de casa para os altos do Sumaré a fim de assistir ao nascer do sol e com ele aprender a orientação sobre o planeta Terra. Traje: esporte. Atenção: acordar meia hora antes da saída, fazer a higiene, tomar café e apresentar-se à sala na hora aprazada. P.S.: Haverá merenda para o aluno"* (p. 106-107).

Não interessa, aqui, destacar o espírito investigativo que marcou as iniciativas do pai do autor, mas tão somente o teor do encontro entre professor e aluno, por meio da mensagem disposta no quadro-negro. E o que aí se pode observar? Para além do caráter pitoresco da mensagem, trata-se de alguém traçando destinos, distribuindo ordens a outrem, determinando obrigações e horários, até mesmo a vestimenta apropriada para determinada tarefa. Em suma, alguém disparando um conjunto de ações pontuais em nome de um propósito específico – no caso, um ensinará algo ao outro. Esse é o norte exclusivo do encontro dos dois naquele momento.

O curioso é a necessidade de, ao final da mensagem, o pai/professor insistir em especificar o âmbito da relação aí estabelecida: não é o pai que levará o filho a um passeio que contará com um lanche, mas o professor que proporcionará ao aluno uma atividade que contará com uma merenda. Tais vocábulos parecem não despontar aleatoriamente; eles se prestam a marcar a diferença de posição da cada qual no diagrama de forças que sustentam a relação de ambos naquele momento.

Saliente-se que, além de uma espécie de distanciamento estratégico entre as posições de pai e de professor, faz-se necessária uma clara distinção das funções de professor e de aluno. Também se podem observar outras condições necessárias para que o encontro entre ambos se materializasse: a organização do espaço e do tempo, além das tantas regras de conduta prescritas.

Estamos diante de uma relação de poder, portanto. Uma relação ordenada por uma sucessão de rotinas regradas que delimitam e, ao mesmo tempo, facultam suas existências concretas. Sem tais regras dispostas para ambos os parceiros, a relação entre professor e aluno poderia não se efetivar a contento, ou sequer acontecer.

Disso decorre que todo encontro que se queira fecundo não pode prescindir de algumas condições fundamentais quanto a seu funcionamento, as quais implicam desde o estabelecimento dos parâmetros de conduta para ambas as partes até, e principalmente, a explicitação contínua dos objetivos, limites e horizontes da relação, sob pena de se confundi-la com outros enquadres e, portanto, de se colocar em risco sua potência.

A reboque das proposições de Bauman (1998), talvez provenha daí a sensação de desencaixe, de instabilidade e de descrença que parece acompanhar o homem contemporâneo, já que não tomamos as relações sociais instituídas e as funções de seus protagonistas como algo sólido, compulsório, inquebrantável, o que era antes franqueado por rotinas dadas de antemão.

Partindo do pressuposto de que toda relação social descreve uma parceria pontual entre personagens específicos às voltas com um objeto comum, pode-se afirmar que uma espécie de jogo os entrelaça. Um jogo muitas vezes implícito, mas com uma densidade notável, uma vez que suas regras balizam silenciosamente o que fazemos e o que pensamos sobre o que fazemos. Sem tais regras dispostas, não há jogo, nem jogadores.

Com efeito, determinado jogo social operaria apenas por meio do reconhecimento e da validação das posições de cada um dos jogadores, o que exige: uma clareza razoável, para ambos, quanto aos propósitos da relação; uma nítida configuração das atribuições de cada parte envolvida; hábitos e pautas de convivência conhecidos e respeitados por ambos; e resultados concretos que validem seu processamento cotidiano.

Sem tais condições atendidas ou promovidas, corre-se o risco de se ver instalar, quer de modo sutil, quer de modo explícito, um estado de coerção, despotismo ou tirania: manifestações múltiplas da opressão, derivadas das relações de poder aí em uso. E como isso se daria no jogo pedagógico?

Um primeiro elemento a ser considerado, talvez o mais evidente, é a posição dita "superior" do professor em relação ao aluno, relativa à estratificação funcional dos lugares de cada qual, o que não significa uma qualidade substantiva, em si mesma, mas um efeito circunstancial, fugidio.

É inegável que, além dos tantos aparatos formais que caracterizam seus diferentes lugares e atribuições, professores e alunos distinguem-se basicamente pelo tempo de iniciação em determinado campo de conhecimento e, consequentemente, pelo grau de complexidade discursiva acerca desse campo. Sob esse aspecto, o mais correto seria afirmar que entre eles há uma relação de assimetria.

Não obstante, seria obrigatório reconhecer, com Marilena Chaui (1989, p. 69), que o professor é tão somente um dos polos da relação pedagógica, e sua função precípua, a de dar vazão a um discurso já constituído. O saber, então, ser-lhe-ia propriedade transicional, e seu lugar, inexoravelmente de passagem.

> Se o diálogo dos estudantes for com o saber e com a cultura corporificada nas obras, e, portanto, com a práxis cultural, a relação pedagógica revela que o lugar do saber se encontra sempre vazio e que por este motivo todos podem igualmente aspirar por ele, porque não pertence a ninguém.

Ainda que o saber, em última instância, seja terra de ninguém e, ao mesmo tempo, de todos, está claro que uma relação de nítida dependência delimita o encontro inicial de ambos. A relação é disparada pela crença comum de que um possui, ou guarda, algo de que os outros carecem, o que conferiria ao primeiro algumas características particulares. Esse *a priori* formal poderia ser sintetizado de acordo com as seguintes prerrogativas, formuladas por Rodolfo Bohoslavsky (1981, p. 321):

> *(1) que o professor sabe mais que o aluno; (2) que o professor deve proteger o aluno de que este não cometa erros; (3) que o professor deve e pode julgar o aluno; (4) que o professor pode determinar a legitimidade dos interesses do aluno; (5) que o professor pode e/ou deve definir a comunicação possível com o aluno.*

Embora para o autor tal espectro sinalize o caráter maniqueísta, gerontocrático e conservador imanente à relação professor-aluno, uma vez que o professor portaria o monopólio dessa espécie de *script* relacional, trata-se de um conjunto de funções sem o qual não há encontro possível entre ambos.

É bem verdade que o professor deve saber mais do que seus alunos a respeito daquilo a que se propõe ensinar; isso porque a confiança destes é diretamente proporcional ao domínio teórico daquele em relação a determinado campo discursivo. Se o oposto ocorrer, a relação corre o risco de se esgarçar.

De posse de um domínio diferenciado em relação àqueles dos alunos, os quais trazem invariavelmente consigo saberes conexos e em diversos níveis de sistematização, caberia ao professor escolher a forma mais propícia de comunicação possível com a heterogeneidade do grupo. É aí que entra em cena o domínio operacional. Por essa razão, não se é biólogo, matemático ou escritor em sala de aula, mas um professor de Biologia, de Matemática ou de Literatura. O núcleo do sujeito gramatical não figura aí por acaso. Semelhante posicionamento possuem Cláudia Davis e Sérgio Luna (1991, p. 69):

*Um professor, para ser reconhecido como autoridade que merece confiança, precisa, ainda, de mestria no exercício de sua função. Isto significa que a autoridade do professor constitui-se a partir da aliança entre conhecimento e experiência na condução da classe: para encaminhar os alunos para a apropriação de um determinado fenômeno do real, é preciso que o professor domine tanto o fenômeno a ser conhecido como o processo de conhecer.*

Desta feita, é possível assegurar que o lastro da ação docente não remete exclusivamente à (nem é decorrência unívoca da) erudição de seu portador, mas ao trabalho engenhoso, árduo e compromissado daquele que se dispõe a ensinar algo a outrem. Nunca é demais relembrar que

*ao professor não cabe dizer: "faça como eu", mas: "faça comigo". O professor de natação não pode ensinar o aluno a nadar na areia fazendo-o imitar seus gestos, mas leva--o a lançar-se n'água em sua companhia para que aprenda a nadar lutando contra as ondas, fazendo seu corpo coexistir com o corpo ondulante que o acolhe e repele, revelando que o diálogo do aluno não se trava com seu professor de natação, mas com a água* (CHAUI, 1980, p. 39).

Acolhimento e repulsa: eis outra bela imagem do encontro entre professor e aluno. Pois bem, exercitar juntos o *modus operandi* do campo em questão, evitando que erros sejam cometidos, e avaliar os resultados constituirão os desdobramentos processuais da relação. Não há nada de errado nisso. Os alunos, quando inseridos organicamente nos meandros do jogo intelectivo proposto, clamam por esse tipo de explicitação; o que importa é ter certeza se houve apropriação daquele domínio, cabendo ao professor sinalizá-la de algum modo.

Algo análogo parece ocorrer com a legitimidade dos interesses em questão. Não se pode afirmar, sem pestanejar, que os interesses dos alunos sejam invariavelmente dissonantes ou refratários em relação aos do professor e que o discurso docente seria uma violência de véspera em relação ao discente. Muitas vezes, os interesses dos alunos são acentuadamente dispersos, contraditórios, ou sequer formulados. Sendo assim, sua curiosidade afloraria à medida que os interesses do professor viessem à tona e servissem, em um primeiro momento, como inspiração, ou seu contrário absoluto, inquietação.

Se essa exposição do professor representa, por um lado, um requisito do ofício, por outro, ela implica um risco: os alunos poderão perfeitamente abster-se de tal oferta. E o farão. É aí que o encontro entre professor e aluno se defrontaria com um de seus tantos pontos nevrálgicos.

Em uma passagem textual já recuada no tempo, Paul Ricoeur (1969) oferece reflexões deveras instigantes sobre os aportes contratuais da relação professor-aluno. Para ele, trata-se de uma difícil relação porque assentada em um paradoxo: ao mesmo tempo em que uma reciprocidade essencial deve permeá-la, há uma assimetria inelutável que conforma os diferentes lugares. Uma relação de contrastes, portanto.

Tal assimetria seria propiciada, em primeira instância, pelo exercício auto-outorgado pelo professor de um domínio facilmente coercitivo, visto que, da exclusividade de seu lugar, emanaria o poder de conduzir os alunos de determinada ignorância a determinado saber. Talvez em decorrência disso, uma espécie de sedução despótica persiste como um fantasma a rondar o ofício docente – algo que se deve observar atentamente, sem trégua.

Entretanto, o pressuposto do lugar discente como um receptáculo vazio revelar-se-ia uma imagem falseada. Os alunos carregam saberes anteriores e paralelos que se chocam com os saberes docentes. Ainda, é preciso lembrar que os projetos de realização pessoal dos alunos não se justapõem ou não se resumem automaticamente aos de seus professores. E é aí que a relação encontra seu principal obstáculo: a incongruência das demandas de cada uma das partes.

Na tentativa de superá-la (tarefa de todo e qualquer profissional), é imprescindível, segundo Ricoeur, que haja colaboração permeando as regras do jogo que une as partes. Isso porque, mesmo supondo já saber, o professor continua reatualizando seus saberes pelo simples fato de que o encontro com os alunos oferece-se como território empírico para a (re)construção de seus saberes. Além do mais, vale lembrar que o domínio de determinado campo teórico, por mais sofisticado que seja, é algo inesgotável, porque sempre sujeito a revisões, deslocamentos, transformações.

Ainda que sejam duplamente sujeito e objeto do ensino, tornado um "ato comum" (porque espaço de construção de saberes para o aluno e de reconstrução desses mesmos saberes para o professor), suas respectivas diferenças e singularidades continuam pedindo passagem. Elas não sucumbem à pálida semelhança de ambos os lugares. Ao contrário, acirram-se no transcorrer do processo.

*A relação de ensino é mais verdadeiramente um duelo; um afrontamento é essencial para o ato comum do ensinante e do ensinando. O ensinante não é um livro que se folheia, nem mesmo um perito que se consulta; ele também persegue um desígnio pessoal através de sua ocupação de ensinar; e este desígnio não coincide senão parcialmente com a vontade de realização pessoal que leva o ensinando diante dele. Neste conflito, o ensinante fornece mais do que um saber; ele traz um querer, um querer saber, um querer dizer, um querer ser. Ele exprime frequentemente uma corrente de pensamento, uma tradição que através dele luta pela expressão, pela expansão; ele próprio está habitado por uma convicção, para a qual vive; tudo isto faz dele uma coisa diferente de um simples transmissor de saber: o ensino é, para ele, um poder que ele exerce; daí nasce a relação de domínio que é preciso revolucionar sem cessar* (p. 55).

Com base nos argumentos do filósofo, a relação professor-aluno poderia ser descrita como uma faca de dois gumes: um fio de cooperação, colaboração e reciprocidade; outro fio de conflito, duelo e afrontamento.

Intrinsecamente entrecruzado por múltiplas e distintas demandas, o encontro entre professor e aluno consistiria em um campo prenhe de pequenos enfrentamentos. Disso decorre que ambos os polos da relação operarão movimentos ininterruptos de pressão e de resistência à ação carreada pelo outro. Daí também o jogo inexorável entre poder e liberdade nas práticas pedagógicas.

Da mesma forma que o aluno não se rende facilmente ao que dele se espera, o professor não se encerra no que dele se supõe. Os desígnios de cada qual nem sequer se aproximam de imediato, coincidindo apenas parcial ou circunstancialmente. É no intervalo entre tais universos paralelos que se instala a vontade de domínio que, segundo Ricoeur, há de "revolucionar sem cessar".

No que diz respeito às demandas do professor, é patente que ele não se quer apenas uma fonte de consulta, ou um perito, especialista em determinada técnica. Seu ofício ultrapassa um dever ser, circunscrevendo-se mais na esfera de uma proposta de mundo materializada em seu discurso, à qual ele se encontra intimamente afiliado; é seu signatário e porta-voz. Dela se assenhoreou como ofício e, em certa medida, como um modo de ser. Daí o pedido, ao aluno, de adesão a um campo discursivo e, ao mesmo tempo, a um *modus vivendi*, à imagem e semelhança dele próprio. Trata-se, em suma, de um pedido de companhia na aridez congênita do posto docente, o que para muitos se manifesta, de modo avesso, pela metáfora da profissão como pregação no deserto.

Pelo fato mesmo de se postular como representante de um discurso constituído (e a se reconstituir), o professor encarnaria uma duplicidade essencial: é ao mesmo tempo um iniciado e um iniciador do aluno – este idealizado como um cúmplice a quem se entregam segredos, e que teria por obrigação levar ao longe as ideias daquele. Emanaria daí, inclusive, o teor amoroso da relação professor-aluno (BARTHES, 2004).

Por essa razão, uma vez no lugar docente, sempre se está a um passo de incorrer no mais célebre e insidioso dos ideais pedagógicos: o de que o aluno deveria compartilhar de seus interesses e projetos na mesma medida que ele, tornando-se uma espécie de discípulo, de descendente ou de seguidor das ideias do mestre.

Não obstante, convém lembrar que, mesmo fadados ao fracasso de seus intentos expansionistas, professores, quando imersos visceralmente em seu campo de atuação, findam por gestar em seus alunos certa disposição à gratuidade e à exuberância do livre pensar. Assim, é impossível discordar de Marilena Chaui (1989, p. 57), quando esta propõe que

> *a razão só inicia o trabalho do pensamento quando sentimos que pensar é um bem ou uma alegria, e ignorar, um mal ou uma tristeza. Somente quando o desejo de pensar é vivido e sentido como um afeto que aumenta o nosso ser e nosso agir é que podemos avaliar todo mal que nos vem de não saber.*

Se levarmos em conta que a emancipação intelectual do aluno é efeito de um ato comum levado a cabo de modo tão rigoroso quanto generoso, haveremos de concluir que a liberdade é um dos tantos desdobramentos concretos das relações de poder aí estabelecidas; o antídoto extraído do próprio veneno.

Concluindo, vale recorrer novamente a Cony. Ele dizia que, apesar de ser a primeira experiência do pai como professor, parecia-lhe um antigo hábito, já que havia ditado tantas regras para o filho/aluno e para si próprio, as quais ofertavam para a criança certo modo de proceder na vida, em geral, e em cada dia, em particular. Era, então, a medida mesma da entrega do mais velho a um pequeno e magnífico gesto: ao ensinar o mais jovem a cuidar de si, findava por ofertar a ambos certa potência de existir.

# 3. Autoridade, liberdade, democracia

Na década de 1930, o filósofo Bertrand Russell, no ensaio intitulado "Educação e disciplina", constante do livro *O elogio ao ócio,* trazia a público seu posicionamento em relação ao, talvez, mais emblemático debate educacional do século XX: a autoridade do educador *versus* a liberdade das crianças.

> *Alguns dizem que as crianças devem ser completamente livres, ainda que sejam más; outros dizem que elas devem ser totalmente submissas à autoridade, por mais que sejam boas; e há, finalmente, os que dizem que elas devem ser livres e que, independentemente da liberdade, elas serão boas. Esta última facção é mais numerosa do que tem direito de ser {...}. A crença de que a liberdade garante a perfeição moral é uma relíquia das ideias de Rousseau, que não sobreviveria a um estudo com animais e bebês* (2002, p. 163).

O posicionamento de Russell não deixa dúvidas: é oposto àquela que se autoproclamaria educação não intervencionista, a qual o filósofo julga ser demasiado individualizante e imprudente em relação ao patrimônio do conhecimento humano.

Entre seus argumentos, dois merecem destaque: a perigosa oposição a toda autoridade intelectual, gerando adesão a ideias pouco convencionais ("Quem acredita que a Terra é plana é um rebelde e um tolo também" [p. 164]), bem como a tirania brutal das crianças quando privadas da intervenção adulta ("Quando deixamos duas crianças de dois ou três anos de idade brincando sozinhas, elas descobrem, depois de algumas refregas, a que sairá sempre vencedora e a que se tornará escrava" [p. 166]).

## Um padre, um romancista e três filósofos: os contornos da autoridade

Arrematando sua argumentação, Russell diagnostica aquela que poderia ser concebida como uma das principais mazelas pedagógicas do século: em nome de um ideário considerado genericamente como renovador ou mesmo libertador, os educadores teriam devotado demasiada atenção à não interferência no mundo infantil e, paradoxalmente, pouca importância ao desfrute da companhia das crianças.

Uma mostra das práticas a que Russell se opõe são aquelas perseguidas pelas denominadas escolas "progressistas ou libertárias", cuja expressão máxima seria Summerhill. A edificação de indivíduos genericamente "livres, autônomos e emancipados" representaria o objetivo magno de tais instituições. Para tanto, elas portariam, grosso modo, as seguintes características operacionais: os alunos, por não serem previamente agrupados, organizam seu tempo livremente e associam-se de acordo com seus interesses; não se preconiza a formação pedagógica dos educadores; a gestão da escola é realizada por meio de assembleias deliberativas; há uma instância semelhante a um tribunal que recebe, investiga e sentencia queixas disciplinares (SINGER, 1997).

Seguindo a trilha de Russell, seria possível contra-argumentar que, a título de uma suposta emancipação do alunado, corre-se o risco de banalização do âmbito relacional das salas de aula, visto que expressaria poderes assimétricos. O jogo de forças inerente ao campo pedagógico seria supostamente equalizado pela igualdade formal das posições de professor e de aluno, redundando na simetrização (ou até mesmo supressão) dos diferentes lugares institucionais escolares e, consequentemente, no embaralhamento das fronteiras cambiantes em torno das quais se movimentam os fazeres escolares.

É certo que, em uma sociedade que se pretenda democrática, não se pode conceber a noção de autoridade docente como algo prévio e imutável, mas como um atributo provisório, oscilante, sempre em construção. Trata-se de caminhos que são construídos e reconstruídos paulatinamente na medida em que professores e alunos se dispõem a fazê-lo por meio de um esforço comum, sem que isso implique erosão dos jogos de forças aí imanentes. Senão, o efeito insidioso seria a falência das narrativas escolares, estas necessariamente assimétricas. Além disso, o conhecimento ofertado findaria por ser eclipsado, deixando de ser encarado como o regulador preponderante das relações escolares.

Russell é contemporâneo de outra célebre filósofa: Hannah Arendt. Embora ela não tenha se dedicado a discutir as questões relativas à educação, um de seus ensaios da década de 1950, intitulado "A crise na educação", aborda exemplarmente algumas delas.

Nessa concisa passagem, Arendt problematiza o tema mais caro e, ao mesmo tempo, mais espinhoso àqueles que tomam a educação como ofício: a intransferível responsabilidade dos adultos em relação ao mundo e, em particular, às crianças. "Face à criança, é como se ele [o educador] fosse um representante de todos os habitantes adultos, apontando os detalhes e dizendo à criança: isso é o nosso mundo" (1992, p. 239).

Para a autora, a existência de crianças impõe a toda sociedade humana dois tipos de obrigação: a continuidade da vida, a cargo do âmbito familiar, uma vez que as crianças são seres humanos em formação; e a preservação do mundo, a cargo do âmbito público, uma vez que elas são representantes de uma nova geração. Para tanto, explicita o que concebe como papel fundamental da escola, qual seja: a engenhosa intermediação civil do mundo privado para o mundo público. Desse ponto de vista,

> *{...} a função da escola é ensinar às crianças como o mundo é, e não instruí-las na arte de viver. Dado que o mundo é velho, sempre mais que elas mesmas, a aprendizagem volta--se inevitavelmente para o passado, não importa o quanto a vida seja transcorrida no presente* (p. 246).

Arendt propõe que as escolas sejam instituições tributárias, por excelência, da missão de proteger o passado, representado pelo patrimônio cultural. Trata-se da intrincada tarefa de, primeiramente, conservar o que constitui o legado humano para que, mais tarde, se possa transformá-lo. Isso porque não haveria futuro sustentável para as crianças (e, por extensão, para o mundo) sem a imersão em certa tradição. É exatamente nesse intervalo (entre o passado e o futuro) que encontraríamos o fulgor constituinte da vida. Fora dele, confinar-nos-íamos em "tempos sombrios".

Aqui, a ideia de tradição (noção *arendtiana* definida sumariamente por Jurandir Freire Costa como "a imagem do mundo segundo a força e o talento dos ancestrais" [2002, p. 3]) não se confunde com a de tradicionalismo, assim como a de conservacionismo nem sequer se assemelharia à de conservadorismo. O que está em questão é o imprescindível apego ao âmbito do passado. Assevera Arendt: "[...] é de seu ofício [do educador] servir como mediador entre o velho e o novo, de tal modo que sua própria profissão lhe exige um respeito extraordinário pelo passado" (1992, p. 243-244).

Defensora da responsabilidade radical dos mais velhos em relação ao mundo ido e, por extensão, ao porvir, a filósofa contesta as teorias educativas nascentes naquele momento histórico. A seguir, são problematizadas três de suas características:

- banimento infantil do mundo adulto: a instauração de um mundo autônomo e um governo tirânico do grupo de crianças, bem como a perigosa emancipação da autoridade dos mais velhos;
- a substituição do aprendizado/trabalho pelo fazer/brincar: a concentração dos esforços no exercício contínuo de atividades que veiculem habilidades extracurriculares em detrimento dos requisitos de um currículo formal;
- o negligenciamento da formação docente: a suposta prerrogativa *pedagogizante*, de ênfase pragmatista, segundo a qual as questões do ensino em geral devem se sobrepor aos conteúdos em particular.

Nota-se aqui uma clara oposição ao espírito escolanovista, segundo o qual deveriam ser priorizados os programas de ensino calcados nas experiências infantis. No corolário escolanovista, o professor passa a ser tomado tão somente como um organizador do contexto pedagógico, no qual o aluno, condutor do processo de aprendizagem, irá se desenvolver segundo seus interesses, sua sensibilidade e sua espontaneidade. O aqui-agora passaria a ser o núcleo da ação, mediada quase exclusivamente pela iniciativa pessoal, livre e autônoma do aluno, e fundamentada na conformação psicológica de sua condição de aprendiz, tendo como referencial suas etapas de desenvolvimento.

Arrematando sua crítica, Arendt dá a conhecer seu posicionamento em relação às competências educativas. A noção de autoridade por ela defendida ultrapassa a qualificação pedagógica *stricto sensu*, desdobrando-se em uma dimensão precisamente ético-política: a da responsabilização dos mais velhos pela herança cultural. Segundo ela: "A qualificação do professor consiste em conhecer o mundo e ser capaz de instruir os outros acerca deste, porém sua autoridade se assenta na responsabilidade que ele assume por este mundo" (p. 239).

Tratar-se-ia, assim, de fomentar entre os alunos uma sólida efervescência intelectual, a qual se transmutaria, posteriormente, na espinha dorsal de certo espírito público. O que importa, pois, é o dever laborioso de ensinar a pensar o presente pelas mãos do passado – único meio de preservação do mundo que nos antecedeu e que nos sucederá.

Outro teórico atento ao debate sobre autoridade *versus* liberdade na educação é o brasileiro José Mário Pires Azanha. Expoente da filosofia da educação brasileira, o autor, já na década de 1970, dedicou-se a analisar os dilemas da democratização escolar, alertando sobre a migração indiscriminada da ideia de democracia (oriunda do domínio das instituições políticas) aos modos de organização pedagógico-burocrática, o que findaria por gerar distorções quanto aos propósitos nucleares da educação formal.

Para tanto, propôs um discernimento radical entre duas apropriações possíveis da noção de democracia nas escolas: como extensão de oportunidades a todos (por meio do acesso à produção cultural e aos códigos dominantes do mundo adulto), ou como expressão da liberdade do educando (por meio do exercício da autonomia infantil e juvenil, resistente, por sua vez, à coerção do mundo adulto).

Segundo ele, supor a democracia escolar como vivência do arbítrio individual de seus protagonistas redundaria em um "faz de conta pedagógico", na expressão do autor. Não se poderia, portanto, encarar termos como liberdade e igualdade como atributos individuais, mas como fatos do mundo político, já que a democracia se forja em um espaço público de participação social, nunca no plano do livre-arbítrio individual. Por isso, Azanha denuncia o simulacro pedagógico aí embutido, já que "o jogo de forças e de interesses que move a vida política é irreprodutível no âmbito da escola" (1987, p. 40).

Mais ainda: quando as crianças são "deixadas a si mesmas, não se elimina a autoridade, apenas se substitui a sua fonte e sua força" (p. 57), o que as levaria a se sujeitarem à tirania da maioria; o oposto do modo de vida democrático. Paradoxalmente, essa espécie de jogo de faz de conta poderia acarretar um efeito de esvaziamento do primado político quando subjugado pelo exercício das vontades individuais.

Azanha é taxativo: não se pode conceber uma sociedade democrática como mera reunião de homens livres formados por escolas democráticas; menos ainda que ela seja reflexo imediato dos indivíduos que a compõem. "Democracia se refere a uma situação política, social e econômica que não se concretiza pela simples associação de indivíduos democráticos" (p. 38).

Daí que a noção de democracia escolar, assim como entendida na maioria das vezes, figuraria como uma reprodução quase caricatural dos mecanismos preexistentes no âmbito político, em especial daquelas práticas de ordenamento legislativo e judiciário da sociedade. Cada escola tornar-se-ia, assim, uma espécie de cidadela-Estado, segundo o autor.

Seria preciso, pois, recusar a estratégia de mimetismo dos mecanismos ordenadores da democracia política quando da tomada de decisão no cotidiano escolar, atentando para as naturezas singulares e os planos organizativos necessariamente distintos das instituições políticas e sociais. Caso contrário, há o risco imediato da *desritualização* das rotinas próprias à escola, assim como o do esvaziamento dos papéis e das funções de seus protagonistas.

Algumas décadas separam os três autores, mas o debate em torno da questão autoridade *versus* liberdade na educação segue incólume, suscitando controvérsia. Na companhia deles, somos compelidos a nos distanciar de alguns bordões ao mesmo tempo tão consensuais quanto impraticáveis, como: "aprender a aprender", "aprender a partir da experiência", "aprender para a vida" etc. Aqui, o verbo em destaque passa a ser o "ensinar".

Antes ainda, somos compelidos a desconfiar do afã criticista e ingênuo que, no esforço atabalhoado de denunciar os riscos do suposto "autoritarismo" de quem ainda ousa querer ensinar de fato, finda por se postar de maneira imediatista e depredadora do mundo.

Ademais, as próprias noções de autoridade e de liberdade passam a figurar não como polaridades antagônicas, mas como elementos indissociáveis de uma equação imprescindível à ação escolar: só haverá liberdade exatamente onde houver uma prática exigente e generosa da autoridade.

Trocando em miúdos, a árdua e lenta reapropriação do legado cultural pelos mais jovens, objeto precípuo do trabalho das gerações mais velhas, é condição *sine qua non* para a tão almejada emancipação ulterior das novas gerações – algo que principiaria no plano das destrezas escolares e se alastraria, posteriormente, para o domínio da participação na vida pública.

Disso decorre um importante desdobramento em relação à própria noção de infância: tratar-se-ia mais de um tempo de preparação para o ingresso responsável na vida adulta, e menos de uma etapa autônoma da existência cujas especificidades e idiossincrasias deveriam ser respeitadas, tal como se vê alardeado pelo jargão psicopedagógico contemporâneo.

Em suma, educar para a democracia significaria menos continência aos difusos impulsos infantis e juvenis, e mais lapidação intelectual dos alunos para a admissão no mundo dos feitos humanos e sua complexidade característica.

# Capítulo II

# A autoridade interrogada: a réplica das novas gerações

# A autoridade interrogada: a réplica das novas gerações

Responsabilizar os mais jovens pelos reveses do mundo parece ser uma das injúrias mais flagrantes da presente geração de adultos, principalmente dos profissionais da educação. Uma prática revanchista que só o cinema, às vezes, parece disposto a recusar. Daí que, quando retratada de modo não moralista, a juventude costuma render roteiros cinematográficos instigantes. Três produções norte-americanas em particular, do início da década passada, aguçam a sensibilidade do espectador: *Ken Park*, *Aos treze* e *Elefante*. Retomemos brevemente seus enredos.

*Ken Park* narra um período de 48 horas das vidas de quatro adolescentes: Shawn, que mantém relações sexuais com a mãe da namorada; Claude, um jovem aficionado por *skate* e oprimido pelo pai violento e alcoólatra; Tate, o mais desconcertante de todos, que vive com os avós, a quem odeia e maltrata constantemente; e Peaches, a única garota do grupo, que é obrigada a lidar com as bizarrices do pai viúvo e fanático religioso. O filme apresenta ainda uma série de outros personagens "estranhos", adultos ou não, com os quais os quatro personagens principais convivem. Aqui, nada há de trivialidade, ou, se há,

Título original: *Ken Park*. Direção: Larry Clark e Edward Lachman. EUA, 2002.

Título original: *Thirteen*. Direção: Catherine Hardwicke. EUA/Inglaterra, 2003.

Título original: *Elephant*. Direção: Gus Van Sant. EUA, 2003.

apresenta-se apenas como uma espécie de superfície de práticas bastante heterodoxas.

Em *Ken Park*, a juventude parece consistir em um espelho dos descaminhos morais da vida adulta. Mais especificamente, são os pais ou os parentes dos personagens os que mais abusam dos filhos ou os manipulam, seja de modo explícito, seja velado. O desfecho de tal configuração é, na maior parte das vezes, trágico. Por isso, talvez, o título do filme. Trata-se do nome de um garoto *skatista* ruivo e sardento, cujo destino é dado a saber logo no início da trama: ele se mata diante da câmera, disparando um tiro contra a própria cabeça.

*Aos treze*, por sua vez, acompanha o intrincado processo de transformação de Tracy, uma estudante adolescente que mora nos subúrbios de Los Angeles com o irmão e a mãe cabeleireira. Ao ingressar no Ensino Médio, a personagem entra em contato com a forte pressão dos grupos escolares e, para angariar popularidade entre seus colegas, torna-se amiga de Evie, a garota mais popular da escola. Tracy é, então, apresentada ao submundo do sexo, das drogas, dos pequenos roubos e da mutilação, o que a coloca em conflito aberto com seus antigos colegas e, principalmente, com a mãe. A partir daí, o filme propõe-se a retratar as mazelas do ingresso no mundo adulto pela porta dos fundos. Uma espécie de desenho nada impressionista de uma parcela significativa da presente geração de jovens e, principalmente, de um mundo adulto atravessado por dívidas de diferentes ordens.

Embora não se trate de uma narrativa literal, *Elefante* empenha-se em reconstruir ficcionalmente as 24 horas que antecedem o massacre, em 1999, da escola americana Columbine, em que dois rapazes, antes de se suicidarem, mataram doze colegas e um professor.

Embrenhando-se nos corredores labirínticos da escola, o filme retrata, à moda de um quebra-cabeça, várias situações cotidianas envolvendo sete ou oito personagens adolescentes. Na cena inicial, o pai de um dos adolescentes retratados está levando o filho para a escola. Embriagado, ele precisa da ajuda do jovem para voltar para casa. Talvez aí resida a tese principal do filme: os atos limítrofes dos adolescentes talvez sejam apenas uma reação ao mundo adulto do modo tal como hoje se apresenta aos olhos dos mais novos.

A propósito, o título remete a uma parábola budista segundo a qual vários cegos dispostos em torno de um elefante são capazes de conhecê-lo em seus pormenores, mas nenhum consegue enxergá-lo na totalidade. Tratar-se-ia de algo semelhante à atitude dos mais velhos diante das novas gerações.

Em comum, os três filmes narram a saga de personagens, dir-se-ia, severamente "desajustados". Mais tarde, descobrir-se-á que seus atos nada são além de uma caixa de ressonância dos descaminhos da vida adulta, da qual são protagonistas de cabresto.

Por meio de tais obras, obtém-se um painel hiper--realista da situação de vulnerabilidade que, em maior ou menor grau, acometeria as novas gerações, situação traduzida em uma crueldade *non-stop*, auto e *heteroimpingida*, que ultrapassaria em muito a imagem de antagonismo geracional supostamente típica dos tempos juvenis que, inclusive, o próprio cinema norte-americano ajudou a cultivar.

Marcadas por uma espécie de mimetismo caricatural das imposturas dos adultos, as existências retratadas nas três produções despontam como o negativo fotográfico de uma parcela crescente de jovens deixados à própria sorte e, concomitantemente, de um universo adulto atravessado por pendências éticas insolúveis para com eles.

O que há de singular nessa tríade de filmes é o fato de que estaríamos diante menos de uma juventude degenerada, e mais de um quadro de desagregação das práticas sociais que antes ofereciam e, ao mesmo tempo, delimitavam as possibilidades de subjetivação aos mais novos. Estes não mais se inspirariam no modelo adulto, tampouco se rebelariam contra ele, mas reproduziriam compulsoriamente suas mazelas. Disso decorre que parece haver em curso um processo de diluição das fronteiras que distinguiam as experiências características do jovem daquelas do adulto, redundando em uma deriva *subjetivadora* aos que chegaram depois.

Em disputa pelo monopólio de certa jovialidade de máxima extensão, tanto os mais velhos quanto os mais jovens veem seus lugares e funções justapostos, às vezes invertidos; por esse motivo, a vivência juvenil torna-se uma espécie de simulacro de determinadas experiências limítrofes do mundo adulto, mormente aquelas ligadas ao sexo, às drogas e à violência. Experiências de acordo com as quais o viver passa a ser calculado por sua instantaneidade fruitiva, e não mais por suas durabilidade e constância. Encarcerados em um presente aflitivo, só lhes restaria uma subtração imediata das experiências sensoriais, matéria bruta de um viver sôfrego e volátil.

# 1. Juventude, violência e escola

O quadro societário deslindado pelos três filmes em pauta encontrará um correlato inequívoco na ambiência escolar contemporânea. Nesta, considerando-se as assertivas de boa parte dos pesquisadores brasileiros da escolarização, é flagrante a percepção de um severo desencaixe em relação à juventude que a frequenta. As consequências disso são desoladoras: desinteresse, desmotivação, baixo desempenho, conflitos de múltiplas ordens.

> *Essas condições deterioradas {da qualidade das escolas públicas brasileiras}, acompanhadas de um processo educativo descompassado dos sujeitos jovens e adolescentes, produzem como resultados o desinteresse, a resistência, dificuldades escolares acentuadas e, muitas vezes, práticas de violência, que caracterizam a rotina das unidades escolares* (SPOSITO, 2003, p. 16).

Qual via seria possível para compreender tal estado de coisas? A seguir, apresenta-se uma possibilidade fecunda.

O sociólogo François Dubet (1998) oferece uma análise arguta da contemporaneidade escolar francesa que poderia, sem excessivos riscos de generalização, ser transposta ao contexto brasileiro. Segundo ele, desinstitucionalização é o termo mais profícuo para designar as transformações dos modos de produção dos indivíduos nos atuais quadros societários. Isso porque uma instituição (escola, família, Igreja etc.) define-se como o conjunto de papéis e de valores que fabricariam subjetividades por meio da interiorização de seus princípios gerais.

Quanto à escola, Dubet suspeita que ela não mais deveria ser tomada, a rigor, como uma instituição, visto que "cada vez mais tem dificuldade em administrar as relações entre o interior e o exterior, entre o mundo escolar e o mundo juvenil. [...] A tensão entre o aluno e o adolescente está no centro da experiência escolar" (p. 28). Tal modelo clássico de organização institucional ter-se-ia desestabilizado, dando lugar a uma crise progressiva que se desdobraria em dois eixos: da escola fundamental à universidade, e dos grupos mais favorecidos aos menos.

O diagnóstico de Dubet para a propalada disjunção dos universos escolar e juvenil ancora-se na constatação de que o sistema escolar não mais proporciona um verdadeiro enquadramento da vida juvenil, o que faz que os jovens consigam mais "construir experiências do que interiorizar papéis" (p. 28). No cenário institucional clássico, a personalidade individual posicionava-se como fundo, ao passo que o papel institucional despontava como figura dos processos de socialização. Aqui, a crise anunciada revela-se de acordo com a seguinte equação: "No curso dos processos de desinstitucionalização, a personalidade pensa antes do papel. É ela que constrói o papel e a instituição" (p. 31).

Pela trilha aberta por Dubet, é possível supor que a crise escolar contemporânea encontrará sua expressão máxima no fato de os alunos terem de construir, por si mesmos, o sentido de sua vivência escolar, antes assegurada pela adesão mais ou menos estável aos lugares e papéis da institucionalização escolar. Daí que a construção da subjetividade juvenil, antes contígua à vivência do papel discente, dar-se-ia agora em um duplo registro: dentro e fora da escola.

> *É preciso "crescer" no mundo escolar e naquele do adolescente. Alguns o conseguem com facilidade. Outros, ao contrário, vivem apenas em um destes registros. Então sua experiência escolar se desfaz, ela não tem mais muito sentido se os professores não são capazes, por seu engajamento e seu talento, de construir as motivações que, via de regra, não são oferecidas aos alunos* (p. 29-30).

A seguir, apresentam-se as vicissitudes da relação entre o alunado e a escola apontadas pelo sociólogo sob o timbre da "experiência subjetiva de formação de si":

- a justaposição da subjetividade ao papel discente: quando "se percebem como os autores de seus estudos, suas paixões e interesses convergem, têm o sentimento de se construir e de se realizar nos estudos" (p. 31);
- a dissociação entre subjetividade e papel discente: quando "os indivíduos se formam paralelamente à escola e se adaptam à vida escolar não se integrando. [...] Estes alunos que se colocam entre parênteses, que desenvolvem condutas ritualísticas, sem verdadeiramente jogar o jogo" (p. 31);
- a negativização da subjetividade pelo papel discente: quando "não podem jamais construir sua experiência escolar; que aderem com frequência aos julgamentos escolares que os invalidam e os conduzem a perceber, a si mesmos, como incapazes. Neste caso, a escola não forma indivíduos, ela os destrói" (p. 31);

- por fim, o antagonismo da subjetividade ante o papel discente: quando "resistem aos julgamentos escolares, querem escapar e salvar sua dignidade, reagir ao que percebem como uma violência, retornando-a contra a escola. Eles se subjetivam contra a escola" (p. 31).

Os quatro desfechos subjetivos apontados por Dubet não deixam dúvidas. Apenas no primeiro caso (da justaposição da subjetividade ao papel discente), circunscrito a determinados segmentos sociais privilegiados, há algo que se aproximaria do efeito clássico da institucionalização escolar. Os outros três seriam resultantes dos novos processos de desinstitucionalização escolar, nunca antes testemunhados com tanto vigor, ou, então, que outrora despontavam como efeitos colaterais, ou mesmo marginais, das práticas escolares.

No que diz respeito às duas figuras seguintes, derivadas da dissociação entre subjetividade e papel e da negativização daquela por este, trata-se de expressões fidedignas dos processos contemporâneos de exclusão pedagógico-escolar, em especial no segundo caso. Já no último, concernente à figura propriamente transgressora, é patente sua correlação com o âmbito normativo-disciplinar da ação pedagógica. Trata-se daqueles alunos que, no mais das vezes, são tidos ora como violentos, ora como indisciplinados, ou, em ambos os casos, como desordenadores das pautas de convívio escolar.

Uma mostra concreta de seu impacto sobre o cotidiano escolar é um levantamento publicado em 2007 e realizado pelo Sindicato dos Professores do

Ensino Oficial do Estado de São Paulo (Apeoesp), em parceria com o Departamento Intersindical de Estatísticas e Estudos Socioeconômicos (Dieese), no qual se lê que 87% dos professores da rede pública de ensino do Estado de São Paulo alegaram ter presenciado casos de violência no interior escolar no ano de 2006, por meio de agressões verbais (segundo 96% dos depoentes), atos de vandalismo (88%), agressão física (82%) ou furto (76%).

Outro dado do levantamento aponta a sensação generalizada de insegurança tanto no entorno quanto no interior escolares, traduzida nas constantes ameaças a que alunos e professores seriam submetidos. Quase três quartos dos depoentes afirmaram conhecer colegas ou alunos ameaçados dentro da escola, assim como ter ciência de casos de tráfico e de consumo de drogas na escola. E metade deles afirmou ter conhecimento de casos de pessoas armadas nas escolas.

Ainda, segundo os depoentes da pesquisa, as principais causas da violência na escola seriam: conflitos entre alunos (76%), consumo de drogas e álcool (63%), falta de funcionários (60%) e pobreza generalizada (45%). Para os professores pesquisados, em 93% dos casos, a responsabilidade pela violência escolar era dos alunos. Pessoas desconhecidas seriam responsáveis por 31% dos casos, e outros 25% das ocorrências seriam causados por pais ou responsáveis.

O cenário esboçado pelos depoentes é alarmante. Teríamos diante de nós uma epidemia de atos violentos nas escolas?

Negar tal estado de coisas significaria opor-se às evidências correntes; admiti-lo significaria ratificar tais evidências sem mediação alguma. Daí que a questão exigiria uma resposta ambivalente: afirmativa, do ponto de vista da visibilidade de determinados eventos violentos (estão aur lentando a exposição e, consequentemente, a preocupação social relativas às ocorrências violentas no perímetro escolar); e negativa, porque tais ocorrências sempre existiram, em maior ou menor grau, e sempre foram administradas, de uma forma ou de outra. A diferença é que, atualmente, os profissionais da educação parecem não mais acreditar que seja possível administrar, ou mesmo prevenir, tais contratempos no interior da própria escola, por meio de mecanismos propriamente pedagógicos. Por isso, talvez, ocorra a demanda de transferência de responsabilidades para outros profissionais (da saúde, da justiça, da polícia etc.). Por isso, também, a visibilidade repentina na mídia; algo parecido a um pedido de socorro e, ao mesmo tempo, um atestado de inaptidão.

Assim, o levantamento de opinião supramencionado figura como um bom exemplo da conversão da violência escolar em uma espécie de crença social generalizada – crença porque sua força performativa consiste em amalgamar significados múltiplos e potencialmente distintos de uma mesma experiência para todos os que estão nela envolvidos. Uma experiência nuançada e, ao mesmo tempo, convertida em uma imagem dominante, senão exclusiva. Um exemplo disso é o fato de que o levantamento em questão não oferece nenhum detalhamento das ocorrências violentas, tampouco de sua frequência, mas apenas sua apreensão pelos depoentes.

É certo que, por mais ínfimos que fossem, os números da violência escolar continuariam a ser alarmantes. Porém, é preciso ter em mente que as escolas são espaços até certo ponto preservados da violência extensiva que grassa no cotidiano das instituições sociais de um país marcado por uma profunda cisão socioeconômica e cultural. Por mais que se alardeie o contrário, a incidência da violência direta no cotidiano escolar parece não espelhar os saldos estatísticos atinentes à população em geral. Por exemplo, em 2006, a Secretaria Estadual da Educação de São Paulo registrou 217 ocorrências de agressão a professores, atingindo menos de 0,1% do corpo docente das então 5.550 escolas paulistas. Daí a necessária precaução ao se focalizar a temática da violência escolar, uma vez que se trata de um fenômeno multifacetado e que se diferencia sobremaneira de suas manifestações em outras instituições sociais.

> Dados disponíveis em: <http://g1.globo.com/Noticias/ Vestibular/0,,MUL320869-5604,00-SECRETARIA+ CONTESTA+PESQUISA+DA +APEOESP+SOBRE+VIOLE NCIA.html> e <http://noticias.terra.com.br/ brasil/noticias/0,,OI1742012-EI306,00-SP+registra+ agressoes+a+ professores+em+um+ano.html>. Acesso em: 1º mar. 2008.

Corroboramos, pois, um dos argumentos da pesquisadora Flávia Schilling: "As pesquisas sobre vitimização em ambiente escolar – mesmo quando centralizando sua preocupação nas escolas públicas – mostram que as unidades de ensino não vivem uma situação de violência generalizada" (2004, p. 82).

Daí ser necessária a distinção entre as noções de violência "na" e "da" escola. No primeiro caso, trata-se, em geral, das marcas da criminalidade do entorno escolar que se fazem presenciar nos intramuros escolares. No segundo, trata-se das manifestações que nascem no interior do espaço escolar e que, portanto, possuem relação direta com as relações institucionais aí protagonizadas.

Também Áurea Guimarães (1996, p. 17), pesquisadora do tema, oferece uma compreensão da díade violência/indisciplina bastante elucidativa:

> *A instituição escolar não pode ser vista apenas como reprodutora das experiências de opressão, de violência, de conflitos, advindas do plano macroestrutural. É importante argumentar que, apesar dos mecanismos de reprodução social e cultural, as escolas também produzem sua própria violência e sua própria indisciplina.*

Segundo Lia Fukui (1992), os delitos praticados no perímetro escolar ocorrem em duas frentes: as invasões, os furtos/roubos e as depredações, que se voltam contra o patrimônio da escola; e as agressões, que atingem diretamente os atores escolares. Assim, os traços da violência mais comumente verificados no cotidiano escolar parecem ater-se a determinados patamares: a depredação ou a deterioração do patrimônio; os enfrentamentos entre os próprios alunos; e o teor beligerante da relação entre agentes e alunado, com destaque para a relação professor-aluno.

É preciso sublinhar também que, segundo a apreensão dos agentes escolares, a ação transgressora proviria primordialmente do alunado, dirigindo-se contra as instalações, depois contra ele mesmo, e chegando até o *staff*, especialmente o professor. Entretanto, se atentarmos para as alegações dos alunos, veremos que o processamento global do fenômeno não coincide necessariamente com tal configuração.

Segundo um estudo sobre representações sobre violência pelos protagonistas escolares (SILVA, 1997, p. 262-263), os segmentos escolares específicos não percebem a si próprios como violentos. Ao contrário, é sempre o outro segmento envolvido que promoveria a ação violenta:

> *Para os educadores, a violência se evidencia, de forma mais clara, na relação entre os alunos. Estes é que são violentos e geralmente os educadores não se percebem promovendo atitudes de violência para com os alunos. É como se professores, diretores e coordenadores pedagógicos fossem isentos de práticas violentas. {...} No entanto, os alunos destacam que a relação entre professor e aluno nem sempre é boa, por falta de compreensão e respeito.*

Temos aqui um intrigante panorama das visões do fenômeno por parte de seus protagonistas, donde se pode subtrair a seguinte evidência basal: a gênese da violência testemunhada no cotidiano escolar não portaria uma polaridade única e exclusiva, mas seria algo decorrente também de uma relação intolerante e, por vezes, belicosa entre agentes e alunado, e particularmente da relação professor-aluno quando ausente de respeito e compreensão.

Tal quadro conjuntural finda por convocar uma face complementar do fenômeno da transgressão escolar: a indisciplina discente, muitas vezes confundida com a violência. Está claro que, apesar da apreensão recorrente de que seriam fenômenos interligados, violência e indisciplina não portam uma mesma raiz. A indisciplina remeteria precisamente à desestabilização das relações derivada de comportamentos tidos como impróprios no que se refere aos usos e costumes escolares, ao passo que a violência se referiria, segundo Marília Sposito, a "todo ato que implica a ruptura de um nexo social pelo uso da força" (1998, p. 60).

Na mesma trilha, o pensador Yves Michaud (1989, p. 10-11) oferece uma definição abrangente do conceito de violência, englobando desde os enfrentamentos com contornos bem definidos (os "atos" violentos) até os empreendimentos coletivos anônimos mais insidiosos (os "estados" de violência).

> *Há violência quando, numa situação de interação, um ou vários atores agem de maneira direta ou indireta, maciça ou esparsa, causando danos a uma ou várias pessoas em graus variáveis, seja em sua integridade física, seja em sua integridade moral, em suas posses, ou em suas participações simbólicas e culturais.*

Violência, aqui, passa a designar um amplo espectro de danos impingidos a outrem em determinada situação relacional e que pode comportar diferentes alvos. Trata-se de um fenômeno cuja fonte não residiria necessariamente em apenas um agente, mas que pode decorrer da ação de múltiplos personagens sociais que, por sua vez, podem se valer de estratégias e instrumentos explícitos ou tácitos, ministrando-os de maneira gradual ou compacta.

Outra definição significativa do conceito de violência é oferecida no Dicionário de Política (1986), de autoria de um conjunto de pensadores italianos capitaneados por Norberto Bobbio. No verbete "violência" (p. 1.291-1.298), redigido por Mario Stoppino, sabemos que há ocorrência do fenômeno quando:

1) se trata de uma intervenção eminentemente física de um indivíduo ou conjunto de indivíduos contra outro indivíduo ou conjunto de indivíduos, ou até contra si mesmo;

2) se procede a uma ação cuja finalidade é ofender, coagir, destruir, ferir, torturar ou matar;
3) se constata o caráter voluntário da ação violenta;
4) se exerce algo contra a vontade da vítima;
5) apesar da resistência, imobiliza-se ou manipula-se o corpo de outrem;
6) se impede materialmente alguém de cumprir determinada ação;
7) e/ou se atinge de maneira imediata o corpo de quem a sofre (violência direta), ou quando se alteram as condições do ambiente físico no qual a vítima se encontra, ou ainda por meio da destruição, danificação ou subtração dos recursos materiais da mesma (violência indireta).

As definições de Michaud e de Stoppino estabelecem um solo conceitual geral para a noção de violência, mas que não se aplica obrigatoriamente à de indisciplina, nem à de incivilidade. Entretanto, não é infrequente que os três vocábulos se apresentem amalgamados sob o mesmo manto semântico-pragmático de problemas disciplinares. Mais do que por uma ambiguidade linguística ou um vício formal, os três termos parecem ser frequentemente compreendidos como se portassem semelhante raiz causal, ou como se se tratasse de uma sucessão progressiva: da indisciplina à incivilidade, e desta à violência.

Segundo Bernard Charlot (2002), incivilidade refere-se precisamente às condutas que se contrapõem às regras sociais de convivência (de civilidade, genericamente falando). Daí que elas não necessariamente constituiriam uma afronta às normativas operacionais (leia-se, regras de trabalho) em determinado contexto escolar, uma vez que estas são cambiantes, pontuais, instáveis. Por exemplo, uma ação execrável em determinado contexto pode ser tolerada, ou mesmo cultivada, em outro. Incivilidade e indisciplina apontam, portanto, para patamares contranormativos distintos das relações escolares.

A indisciplina, especificamente, restringe-se à ruptura dos pactos coletivos ou, mais comumente, à afronta aos códigos normativos em vigor em determinado contexto institucional – seja pela obscuridade ou pela rigidez excessiva das normas operacionais e de conduta ali norteadoras, seja por sua implausibilidade ou, ainda, sua ineficácia.

> Entendem-se por indisciplina os comportamentos disruptivos graves que supõem uma disfunção da escola. Os comportamentos indisciplinados simplesmente obedecem a uma tentativa de impor a própria vontade sobre a do restante da comunidade. Se for um aluno, dizemos que é difícil, indisciplinado, diferente {...} Se for um professor, dizemos simplesmente que é autoritário. Também se entende por indisciplina as atitudes ou comportamentos que vão contra as regras estabelecidas, as normas do jogo, o código de conduta adotado pela escola para cumprir sua principal missão: educar e instruir. Então, muitas vezes, o problema consiste em que não existem tais normas, a escola funciona de acordo com um código não escrito, conhecido somente por poucos, o qual não é divulgado entre os professores ou entre os alunos e as famílias que fazem parte dela (CASAMAYOR, 2002, p. 22).

Se tomado como ocasião de interpelação do presente escolar, o ato indisciplinado talvez fizesse lembrar que educação é o resíduo do embate narrativo diuturno entre mais velhos e mais jovens, o qual se desdobra em uma exígua zona de confiança entre ambos. Apenas isso.

Disso decorre uma imperiosa torcedura dos modos de apropriação da temática disciplinar. Isso porque "os problemas de conduta na sala de aula estão entre os alunos e os educadores em uma situação mútua de conflito, ou entre aqueles que não esperam mais nada um do outro" (FUNES, 2002, p. 17).

Conflito, divergência, disparidade, dissenso quanto às posições de professor e de aluno: eis outra visão da tessitura disciplinar com a qual, talvez, pudéssemos operar mais significativamente no plano do pensamento.

Alheia, no entanto, à necessária distinção (tanto empírica quanto conceitual) entre violência, incivilidade e indisciplina, a argumentação recorrente dos agentes escolares (mormente a partir dos anos 1990) é a de que temos nas escolas não mais ações disruptivas episódicas, mas práticas de insubordinação intensivas e afeitas a quaisquer âmbitos e níveis de escolarização, abarcando indistintamente idade, gênero e nível sociocultural do alunado, as quais despontariam na forma de incidentes disciplinares ou de incivilidade e culminariam em irrupções violentas. Um *continuum* improvável, mas referendado pela maioria dos agentes escolares.

A despeito da alegação de que se trata de um fenômeno observável por todos e por qualquer um, seria mais prudente tomar a indisciplina não como atributo emblemático da infância e da juventude atuais, tampouco como predisposição particular de alguns alunos em situação de desvantagem social, familiar etc., mas como um conjunto de atos transgressivos circunscritos aos protocolos de determinado contexto escolar – sem contar a legitimidade, ou não, destes. Assim compreendido, o ato indisciplinado figura como refração à ordem regimental em vigor ou, no limite, como invalidação desta. Em suma, um conjunto de micropráticas desestabilizadoras das normas de trabalho e de convívio em sala de aula, cujos efeitos se fazem sentir imediatamente na relação professor-aluno.

Ora, se partirmos do pressuposto de que onde houver norma haverá transgressão (uma vez que se trata de uma prerrogativa daquele de quem se espera obediência), concluir-se-á que os contratempos disciplinares evocam mais a natureza e o teor da relação professor-aluno do que, *stricto sensu*, a conduta dissonante dos alunos transgressores da ordem escolar. Isso porque o ato indisciplinado, antes de apresentar correspondência com conteúdos ou métodos específicos utilizados por esse ou aquele professor, parece evocar uma correlação imediata com o manejo da autoridade docente – seja pela intransigência, seja pela permissividade excessiva.

Daí a indisciplina como um efeito possível, mas não necessário, do tipo de ambiência pedagógica e civil das salas de aula atualmente. Daí também o afã em torno do disciplinamento discente como instauração de uma espécie de revanchismo contra a infância e a adolescência que os profissionais da educação estão a construir, negligenciando o fato de que a ação escolar deveria perseguir o cultivo de destrezas intelectuais, e não a normalização atitudinal; no limite, esta é efeito colateral (jamais causa) daquelas.

## 2. Indisciplina e (contra)normatividade escolar

Mediante o exposto até o momento, urge uma guinada analítica a fim de que as inflexões disciplinares testemunhadas na contemporaneidade escolar sejam compreendidas no interior de um quadro sócio-histórico pontilhado por demandas multiformes de "governamento" – tal como o entende Alfredo Veiga-Neto (2005) – das existências escolares, de modo que tais demandas possam ser ressignificadas a ponto de se tornarem ocasião de interpelação dos próprios fazeres pedagógicos que as incitam, jamais como expressão de sobredeterminações teórico-conceituais exógenas a eles.

Para que seja possível operar certa desnaturalização do espectro normativo em circulação nas práticas escolares contemporâneas, nossa hipótese analítica recai mais sobre a problematização da proliferação discursiva acerca da (in)disciplina discente do que sobre seu recenseamento. Isso porque tal movimento multiplicador parece não apenas reiterar, mas também fazer consagrar uma demanda acirrada de disciplinamento das vidas escolares que, em nosso ponto de vista, é prenhe de contestação.

De modo análogo às conclusões de Ana Lúcia Silva Ratto (2007, p. 256), que empreendeu um extensivo trabalho investigativo, de matriz foucaultiana, sobre as narrativas contidas em livros de ocorrência empregados no cotidiano escolar das séries iniciais de uma escola de Ensino Fundamental, é preciso reiterar a premissa analítica de que, *se assumimos a perspectiva de que a disciplina e a indisciplina são cotidianamente produzidas pela escola, a partir das configurações específicas adquiridas pelas relações de poder e pelo tipo de lógica que, em cada contexto, institui a ambas, é possível desnaturalizá-las, retirá-las de uma dimensão de inevitabilidade.*

Desta feita, se se quiser debruçar-se sobre a (contra)normatividade escolar e sua complexidade característica, será necessário ter em mente que o afã da época em torno do disciplinamento discente, além de instaurar um descrédito de véspera em relação à infância e à juventude, oblitera o princípio de que o trabalho pedagógico pode perfeitamente preterir o achatamento atitudinal dos mais novos em favor do fomento de suas habilidades intelectuais. Com isso, abstemo-nos de pressupor que um seria condição *sine qua non* da existência do outro; ao contrário, poder-se-ia imaginar que, entre as dimensões normativa e intelectiva, estabelece-se uma relação nem de interdependência, tanto menos de sobredeterminação. Adentremos a questão valendo-nos de uma investigação concreta.

Os resultados de um estudo levado a cabo por Martin Carnoy e colaboradores (CARNOY; GOVE; MARSHALL, 2003), em que são comparadas práticas de ensino brasileiras, chilenas e cubanas, despontam como uma caixa de ressonância de tal mentalidade, da qual queremos, aqui, nos afastar.

Baseando sua análise na observação de aulas de Matemática oferecidas para classes de terceira série em diferentes unidades escolares, os pesquisadores compõem um quadro estatístico minucioso das condições

A AUTORIDADE INTERROGADA: A RÉPLICA DAS NOVAS GERAÇÕES

do ensino de cada país segundo múltiplas variáveis, as quais incluem desde o uso do tempo em aula e o detalhamento das ações ali desenvolvidas até o envolvimento dos alunos nas atividades. Uma das variáveis incidentais empregadas é denominada "grau de disciplina". Por meio dela, somos informados de que,

> *tanto nas escolas particulares chilenas quanto, e principalmente, nas escolas cubanas, o nível de disciplina, em alguns momentos, era extraordinário, o que ficava claro no fato de as professoras raramente terem que pedir silêncio* (p. 17).

No que se refere ao contexto nacional, constatam os pesquisadores:

> *As salas de aula brasileiras, às vezes, eram bastante caóticas, principalmente se comparadas com as turmas das escolas particulares chilenas e das escolas cubanas. As salas de aula brasileiras eram também caracterizadas por um alto grau de liberdade para os alunos, evidente na maneira com que os alunos se aproximavam fisicamente da professora, ou mesmo a interrompiam, para fazer perguntas* (p. 18).

Com o objetivo de perscrutar possíveis razões para tal discrepância em relação aos outros dois países, os pesquisadores levantaram, no decorrer do estudo, algumas conjecturas, sem, contudo, conseguir comprová-las, já que isso não figurava entre os objetivos precípuos da investigação. Os níveis de disciplina poderiam estar relacionados ao desempenho docente, ao *background* cultural do alunado, ao tamanho das turmas, à faixa etária dos alunos, ao apoio familiar, à qualidade da nutrição ou, por fim, à permissividade nas relações pedagógicas cotidianas.

Ao final do texto, os autores dão a conhecer os critérios empregados para avaliar o referido grau de disciplina em sala de aula. Utilizou-se um instrumento de observação que variava de acordo com as seguintes categorias:

> **Baixo** (*muitas crianças conversando fora de hora, não fazendo silêncio quando solicitadas pela professora, se levantando e andando pela sala, fazendo brincadeiras, a professora, repetidamente, pedindo às crianças que voltem a seus lugares e façam silêncio etc.*).
>
> **Moderado** (*algumas crianças conversando fora de hora ou andando pela sala, a professora nem sempre sendo imediatamente obedecida*).
>
> **Bom** (*poucos casos de crianças conversando, brincando, andando pela sala, mas obedecendo rapidamente à professora quando ela pede que elas parem*).
>
> **Alto** (*as crianças muito quietas, ou as discussões disciplinadas, a professora não precisa pedir silêncio etc.*) (p. 31, grifos nossos).

Como se pode deduzir de chofre, a noção de disciplina empregada no estudo faz coro a uma apreensão deveras canônica de alguns usos e costumes escolares. Disciplina escolar referir-se-ia a uma consonância virtuosa entre os passos discentes e docentes, resultando em temperança, concórdia, obediência, ordem, enfim. Presume-se, assim, que toda prática desviante de tal padrão tenderia a ser interpretada como algo a ser combatido ou suprimido.

No que se refere ao ajuizamento dos fazeres pedagógicos (imanente a qualquer tipo de investigação de determinada realidade, independentemente do tipo de interpretação de teor mais, ou menos, científico dos eventos ali em causa), o estudo de Carnoy e col. parece reiterar uma espécie de doxa pedagógica, tão generalizante quanto reducionista, segundo a qual a qualidade do trabalho escolar, aliada à ideia de progresso, seria diretamente proporcional a uma ordenação estrita das condutas em sala de aula. Disciplina significaria, então, uma competência a ser cultivada pelos profissionais – no caso dos cubanos, já em estado bem desenvolvido; dos chilenos, em desenvolvimento, a depender do caso; e dos brasileiros, em situação incipiente.

Ora, para além da configuração de diferenças significativas entre realidades díspares (previsíveis, decerto, mesmo se se tratasse de unidades escolares de um mesmo país), pesquisas do escopo daquela de Carnoy e col. parecem permanecer cativas de uma armadilha argumentativa quando o que está em pauta é o espectro (contra)normativo do cotidiano escolar: seus resultados logram descrever cenários gerais, mas carecem alcançar seus movimentos generativos, tanto menos problematizá-los. Façamo-lo, então.

Nas duas décadas que abrangem desde a publicação, no Brasil, da primeira coletânea (D'ANTOLA, 1989) a uma das últimas obras publicadas sobre o tema disciplinar (VASCONCELLOS, 2009), vem se reiterando a alegação de que uma das principais marcas do cotidiano escolar contemporâneo é a de uma infinidade de infrações disciplinares, cuja administração teria se convertido na tônica principal do trabalho pedagógico e, por extensão, em uma das razões nucleares do conclamado desgaste ocupacional docente – mais frequentemente pelos profissionais da educação ligados aos

Ensinos Fundamental e Médio, mas também por aqueles da Educação Infantil e Superior.

É certo, pois, que as queixas dos profissionais parecem fazer eco à alegação igualmente recorrente de que as novas gerações estariam prejudicadas, ou mesmo incapacitadas, para o enfrentamento da tarefa civilizatória inerente não ao lastro intelectual da ação escolar, mas, sobretudo, à conservação de seus hábitos seculares, esta embutida no reclamo de obediência, de respeito, de decoro etc.

Se, por um lado, não é possível afirmar, em absoluto, que a relação entre o contexto escolar e seus jovens protagonistas seja marcada por harmonia, extensão e compasso, por outro, é preciso admitir igualmente que, quando observados de perto e com atenção, os contextos escolares concretos apresentam-se de modo nitidamente prosaico, se comparados às imagens amiúde catastrofistas sobre as condutas discentes na atualidade. Isso significa que o alunado parece agir, com frequência, de modo muito mais ordeiro e pacato do que se costuma alardear sobre ele. Em suma, entre o atacado retórico e o varejo concreto das práticas, interpõe-se uma considerável distância.

Trata-se, pois, de um cotidiano institucional pontilhado (jamais sobredeterminado) por um conjunto de pequenos delitos que pouquíssimo se assemelham à imagem hiperbólica de um interior escolar ora hostil, ora desagregador. Tal perspectiva (poder-se-ia contra-argumentar) choca-se com as alegações habituais dos próprios agentes escolares. Como perspectivar tal discrepância argumentativa?

A nosso ver, a profusão das queixas disciplinares parece apresentar-se como efeito de uma crença subtrativa, por parte das gerações mais velhas, sobre a complexidade dita crescente do ofício de educar nos tempos atuais, redundando no mais das vezes em um refrão que prega a existência de uma acentuada crise escolar vetorizada pelos conflitos entre seus protagonistas.

Se, a rigor, os predicados "crise" e "conflito" vêm se tornando crivos ajuizadores (seja no quadrante empírico, seja no teórico) da atmosfera institucional e também civil da escolarização brasileira, faz-se necessário, de nossa parte, apontar a imprudência de seu uso indiscriminado, visto que as evidências concretas parecem contrastar sobremaneira com as apreensões usuais sobre uma suposta erosão (particularmente no contexto público) da qualidade das práticas e das relações escolares ocasionada por contratempos disciplinares.

A despeito da alegação recorrente acerca do espraiamento da animosidade, do desrespeito ou então da apatia por parte do alunado, tais queixas, se observadas de outro ângulo, parecem apontar, paradoxalmente, para uma espécie de triunfo normalizador das práticas escolares contemporâneas, consubstanciado na ambição de uma gestão diuturna das condutas, bem como dos destinos ulteriores das vidas ali em jogo, por meio da estandardização não apenas dos gestos, mas, sobretudo, das intenções a eles subjacentes.

De Santo Agostinho a Alain, de Comenius a Makarenko, de Kant a Gramsci, de Durkheim a Dewey,

Um quadro teórico elucidativo da temática disciplinar no pensamento filosófico-educacional é oferecido por Estrela (1992) e por Chamlian (2000). Também Franco (1986) traz à baila o pensamento de Makarenko e Gramsci articulado à questão disciplinar.

quase todos os que se debruçaram sobre a tarefa educativa pronunciaram-se, em alguma ocasião, sobre a correlação forçosa entre educação e disciplina. E um daqueles que, de certo modo, melhor expressaram o espírito pedagógico moderno calcado na ideia de disciplina parece ter sido Freinet, ao propor que "só há desordem quando há falha na organização do trabalho, quando a criança não está ocupada numa atividade que responde aos seus desejos e às suas possibilidades" (*Apud* ESTRELA, 1992, p. 21).

No postulado do pedagogo francês, parece residir a chave-mestra da engenhosidade disciplinar moderna, a qual terá como ponto tanto de partida quanto de chegada a ocupação constante dos alunos, e não apenas de seus corpos, mas também de suas almas, encarnadas nos desejos e nas possibilidades de cada qual. Aqui, trata-se de um sujeito com a tarefa de aprender a se autogovernar que habitará o espaço escolar, e não mais apenas um mero aluno. Semelhante constatação faz Veiga-Neto asseverar que

> *{...} bem antes de funcionar como um aparelho de ensinar conteúdos e de promover a reprodução social, a escola moderna funcionou – e continua funcionando – como uma grande fábrica que fabricou – e continua fabricando – novas formas de vida. Na medida em que a educação nos molda precoce e amplamente, passamos a ver como naturais os moldes que ela impõe a todos nós* (2003b, p. 108).

Como se pode deduzir sem muito esforço, o cotidiano escolar contemporâneo parece converter-se paulatinamente em uma maquinaria messiânica de correção e melhoramento das coisas e das pessoas, por meio da ativação de uma infinidade de mecanismos de *assujeitamento* e de controle produtivo das existências. Uma maquinaria sofisticada que segue operando em estrita consonância ao imperativo máximo da modernidade: educar/disciplinar, agora em suas dimensões mais recônditas.

Com efeito, grande parte da discussão pedagógica da modernidade aos dias atuais parece ter-se detido em um aspecto fundamental: a busca de uma conformação tão edificante quanto infalível para as experiências dos mais jovens. A título de retirá-los de uma minoridade potencialmente nefasta que os assolaria, educá-los resumir-se-ia à obstinação de talhar as existências por vir, imputando-lhes um sentido de ultrapassagem de uma suposta condição de vulnerabilidade, de insuficiência, de incapacidade enfim.

Ampliando tal perspectiva de análise, temos que o cotidiano escolar contemporâneo parece ser cada vez mais tomado por prescrições de cunho normalizador, as quais franqueariam um complexo de estratégias cada vez mais difusas de controle da conduta alheia, agora em suas dimensões mais profundas e, portanto, abstratas: "administração social da individualidade", segundo Thomas Popkewitz (2000; 2001), ou "governo da alma", para Nikolas Rose (1998; 2001a; 2001b).

No que diz respeito ao espectro normativo do cotidiano escolar, tratar-se-ia de situá-lo, a nosso ver, no registro dos processos de *governamentalização* em operação na atualidade, responsáveis por uma marcha de ações cada vez mais concêntricas e espraiadas, cujo desígnio passa a ser a conformação consensual das populações escolares, abarcando tanto a multiplicidade quanto a singularidade que lhes são características.

Assim, faz-se necessário admitir que se as queixas disciplinares parecem ser, em um primeiro momento, solidárias a uma espécie de esgarçadura do *modus operandi* escolar clássico; em um segundo momento, elas passam a apontar exatamente para a irrupção de modos sutis de controle não apenas dos passos dos alunos, mas também dos profissionais, ambos convertidos em um nicho populacional como outro qualquer – respondendo-se, assim, a um movimento de achatamento das especificidades escolares em favor de um giro normalizador comum a outras esferas sociais.

Nesse sentido, as salas de aula pouco distariam, em seus fazeres ordinários, de outras práticas sociais afins, todas elas irmanadas em favor de uma missão *governamentalizadora* comum: a da construção de um tipo de sujeito que, enredado na ilusão performativa de um autogoverno de múltiplas frentes, nada estaria provando além da sucumbência voluntária a determinados regimes de poder-saber-subjetivação em circulação no espaço social.

Desse modo, a profusão das queixas disciplinares emergiria como uma espécie de efeito colateral (ou em cascata, talvez) da multiplicação das demandas de disciplinamento e, por extensão, da conversão não apenas dos alunos, mas também do professorado em herdeiros de uma dívida impossível de ser saldada.

Mediante tal quadro ético-político, restar-nos-ia persistir interpelando a expansão desenfreada dos discursos normativos na atualidade escolar. Para isso, uma simples questão formulada por Foucault torna-se de extrema valia: "Por que, para ensinar alguma coisa a alguém, se deve punir e recompensar?" (1996, p. 121). Uma questão cuja réplica deveria ser suficiente para abalar todo o aparato normativo que aí se espraiou.

Capítulo **III**

# O presente educacional e as transfigurações do *éthos* docente

# O presente educacional e as transfigurações do *éthos* docente

Em *As cidades invisíveis*, obra quimérica de Italo Calvino, Marco Polo descreve imaginariamente ao imperador Kublai Khan a geografia e o dia a dia das cidades sob seu domínio. Uma delas é Leônia, analogia imbatível das práticas escolares atuais.

Lá, a cada manhã, seus habitantes jogam fora tudo que lhes serviu no dia anterior: tubos de pasta de dente, lâmpadas, aparelhos de porcelana, pianos, enciclopédias. E a vida recomeça do zero, indefinidamente, sempre a reboque do prazer oferecido pelas coisas renovadas e diferentes.

Em Leônia, os lixeiros são alvos da mais resoluta admiração, já que, sem eles, a cidade não suportaria sua realidade de opulência e de desuso: as duas propriedades conexas definidoras do estilo de vida ali reinante. Tudo seria perfeito para seus habitantes, caso não houvesse a ameaça do lixo acumulado, essa materialidade incômoda daquilo que não serve mais, ecos do passado suprimido.

No caso escolar, salta aos olhos a volatilidade dos fazeres cotidianos, a despeito da rotinização e da morosidade a eles inerentes. Raros são os profissionais que conservam os resultados dos projetos dos anos anteriores. Mais raros ainda são os alunos que têm uma vaga lembrança do tema aglutinador do sem--número de trabalhos realizados. Em favor do que despendemos tanta energia em empreendimentos sempre em construção, mas já em ruína?

Da opulência de projetos episódicos e sucessivos a seu esquecimento quase imediato, vamos caminhando ao léu, tornando o cotidiano escolar uma espécie de inferno particular para cada qual: os profissionais sonhando com a aposentadoria; os alunos, com a formatura; ambos, com o fim da *via crucis* escolar.

Em consonância ao espírito consumista da época, grande parte das ações pedagógicas está fadada a uma vida curtíssima e, consequentemente, a um empobrecimento intelectual sem precedentes. Isso porque carecemos de tempo para a lenta decantação de algumas poucas ideias, relevantes e sóbrias; relevantes porque sóbrias, sóbrias porque poucas.

Recordemos as montanhas de produções pedagógicas pontuais e sem razão de ser que têm os cestos de lixo como destino único. E, assim, os lixeiros da Leônia escolar brasileira vão garantindo seu futuro duvidoso.

Marco Polo conta que os detritos de Leônia invadiriam o mundo, caso não fossem comprimidos pelos depósitos de lixo das cidades vizinhas, ambos escorando-se reciprocamente, misturados em elevações de cume inalcançável e sempre a ponto de desmoronar: "Basta que um vasilhame, um pneu velho, um garrafão de vinho se precipitem do lado de Leônia e uma avalanche de sapatos desemparelhados, calendários de anos decorridos e flores secas afunda a cidade" (CALVINO, 1990a, p. 106).

Algo semelhante à cidade imaginária de Calvino parece se passar com as práticas escolares contemporâneas, explicitamente enredadas em uma avalanche de ações marcadas por uma ânsia utilitarista e pragmatista. Vidas tarefeiras, enfim.

Eis aqui um esboço geral das transfigurações do *éthos* docente na atualidade, responsáveis por um realinhamento radical dos modos de existir nas escolas que nos ensinaram, um dia, a ser quem éramos, e que já não somos. Como processar tais transformações, sem incorrer em uma abordagem fatalista ou, pior, saudosista?

## 1. A *governamentalidade* como hipótese analítica

A contemporaneidade, é certo, tem testemunhado um alargamento progressivo do raio da ação escolar, consubstanciado na multiplicação do rol de incumbências de seus profissionais. Embaladas pelo refrão consensual de que se trataria de preparar o alunado, sempre mais e melhor (quer para o exercício ativo da cidadania, quer para o domínio de habilidades e competências específicas, quer ainda para algum tipo de qualificação, seja propedêutica, seja profissional) para o ingresso em um mundo em franca complexidade, as missões atribuídas à escolarização não ocultam uma ambição ultrarreformista da sociedade, expressa em uma multidimensionalidade de funções reparatórias ou salvacionistas de alguns usos e costumes dos segmentos populacionais sob sua guarda – o que abarcaria indistintamente clientela e agentes escolares.

Se partirmos do pressuposto de que a instituição escolar tem pleiteado, desde seus primórdios, a prerrogativa de uma gama de ações de teor correcional encarregadas de levar adiante uma modernização civilizadora da sociedade, deduziremos sem muito esforço sua conversão em polo irradiador de modos de vida mais "salutares", mais "inclusivos", mais "produtivos" etc. Assim, um espírito não menos idealista do que utilitarista parece sobrepairar às mentalidades pedagógicas, independentemente, aliás, de suas inclinações ideológicas, teóricas e/ou metodológicas, todas elas atadas, em semelhante medida, a uma retórica expansionista da escola contemporânea, materializada na acumulação, como aponta António Nóvoa, de missões e de conteúdos "no quadro de uma imagem da Escola como instituição de regeneração, de salvação e de reparação da sociedade" (2009, p. 50-51).

Todavia, um rastro de vulnerabilidade pode ser atestado entre seus efeitos concretos, redundando em um misto paradoxal de exuberância de seus propósitos declarados e de labilidade de sua consecução empírica, esta caracterizada, amiúde, pela queixa recorrente de impotência por seus profissionais, ilhados na contraoferta de respostas fragmentárias e dissonantes às demandas que se gestam sem cessar no entorno social. Daí a alegação recorrente de "crise" da educação formal.

Quanto mais proliferam novas exigências referentes à intervenção escolar, mais frequente parece ser a alegação de efeitos desagregadores do âmbito propriamente pedagógico, amiúde entrecortado por episódios disruptivos do convívio *intergeracional* aí em curso: descaso, indolência, animosidade, arrivismo, às vezes atos violentos. Como processar analiticamente tal paradoxo? Vejamos algumas possibilidades:

> *A indiferença cresce. Em lugar nenhum o fenômeno é tão visível quanto no ensino, no qual, em alguns anos e com uma velocidade relâmpago, o prestígio e a autoridade dos professores desapareceram quase completamente. Hoje em dia, a palavra do Mestre deixou de ser sagrada, tornou--se banal e situa-se em pé de igualdade com a palavra da mídia e o ensino se transformou em máquina neutralizada pela apatia escolar feita de atenção dispersa e de ceticismo desenvolto em relação ao saber. {...} A escola se parece menos com uma caserna do que com um deserto (embora a caserna também seja um deserto), onde os jovens vegetam sem grande motivação ou interesse. (LIPOVETSKY, 2005, p. 21).*

O cenário educacional contemporâneo é retratado sem retoques por Gilles Lipovetsky. Segundo o filósofo, seria antes necessário situar o presente na esteira de um "deserto paradoxal, sem catástrofe, sem tragédia ou vertigem, que cessou de se identificar com o nada e com a morte" (p. 34). A figura do ermo presta-se a materializar a vacuidade ético-política que parece tomar de assalto o cotidiano das diferentes instituições sociais – efeito de um movimento inarredável de esvaziamento das narrativas-mestras que, em épocas anteriores, se não estruturavam a apropriação subjetiva das experiências comuns, ao menos lhes ofereciam contornos razoavelmente precisos. Para o autor, tal movimento resultará não em angústia ou revolta, mas em desengajamento emocional, desafeição tão somente. Daí seu veredicto: "A escola é um corpo mumificado e os professores compõem um corpo fatigado e incapaz de lhe insuflar vida" (p. 22).

Diagnóstico semelhante, mas não de todo coincidente, é oferecido por Zygmunt Bauman (PORCHEDDU, 2009). Em uma entrevista dedicada à educação (tema infrequente em suas reflexões), o sociólogo polonês posicionará as transformações aí verificadas no conjunto daquelas sob a égide da "modernidade líquida".

> A capacidade de durar bastante não é mais uma qualidade a favor das coisas. Presume-se que as coisas e as relações são úteis apenas por um "tempo fixo" e são reduzidas a farrapos ou eliminadas uma vez que se tornam inúteis. Portanto é necessário evitar ter bens, sobretudo aqueles duráveis dos quais é difícil se desprender. O consumismo de hoje não visa ao acúmulo de coisas, mas à sua máxima utilização. Por qual motivo, então, "a bagagem de conhecimentos" construída nos bancos da escola, na universidade, deveria ser excluída dessa lei universal? (p. 663).

Para Bauman, o que está em jogo é o desinteresse crescente por uma prática social que, durante os séculos precedentes, se postulou sólida e estruturada, donde derivariam alguns embaraços para o trabalho pedagógico atual: em primeiro lugar, a razão inerente, para as novas gerações, entre a atratividade do conhecimento e sua utilização imediata; em segundo lugar, o descrédito daquelas quanto ao legado escolar como representação fiel da ordem imutável da verdade do mundo e suas leis − ordem e verdade que já não há.

Se, na modernidade sólida, a crença em um mundo estável e duradouro era a base de toda ação pedagógica, sendo a memorização a faculdade humana mais valorizada e em uso, esta se vê converter, em tempos líquidos, em fardo, obstáculo, empecilho. "Hoje esse tipo de memória firmemente consolidada demonstra-se em muitos casos potencialmente incapacitante, em muitos outros enganosa e quase sempre inútil" (p. 665).

Intrinsecamente oposta à lógica da aplicabilidade futura dos conhecimentos e da estabilidade do mundo que outrora eram apregoadas nos bancos escolares, a educação líquida assentar-se-ia não mais na habilidade de memorizar, mas na prontidão a esquecer, logo a atualizar/substituir instantaneamente o que, em dado momento, é ensinado como indispensável; prontidão tida como condição *sine qua non* de adaptabilidade ao mundo contemporâneo e sua volatilidade característica. Daí a formação permanente como leitmotiv de existências sempre contingentes, em perpétuo desmanche.

> *A educação e a aprendizagem no ambiente líquido-moderno, para ser úteis, devem ser contínuas e durar toda a vida. Nenhum outro tipo de educação e/ou aprendizagem é concebível; a "formação" do próprio eu, ou da personalidade, é impensável de qualquer outro modo que não seja aquele contínuo e perpetuamente incompleto* (p. 673-674).

Gilles Deleuze já o havia detectado antes: "[...] assim como a empresa substitui a fábrica, a *formação permanente* tende a substituir a *escola*, e o controle contínuo substitui o exame. Este é o meio mais garantido de entregar a escola à empresa" (1992, p. 221). O presságio deleuziano posiciona o afã da formação continuada como tributário de uma espécie de volúpia normativa que não se farta, decretando aos indivíduos uma sucumbência voluntária a imperativos *pedagogizantes* e, por conseguinte, um endividamento subjetivo retroalimentador dessa mesma sucumbência. Em suma, um regime cognitivo-moral tão contumaz quanto implacável no que diz respeito à naturalização de modos de vida enredados em uma incompletude generativa e, ao mesmo tempo, sufocadora da existência.

Deleuze alerta para um deslocamento do diagrama moderno-disciplinar das sociedades ocidentais proposto inicialmente por Michel Foucault (1979; 1987; 1996). No quadro da analítica deste último, as mutações históricas do *modus operandi* disciplinar revelar-se-ão, mais tarde, donatárias dos processos de *governamentalização* social, tendo em vista os mecanismos reguladores aí ativados a título de controle das formas e das condições de vida das populações.

Ora, se é bem verdade que as práticas educacionais contemporâneas têm sido objeto de múltiplos deslocamentos em relação ao quadro normativo/normalizador dos usos e costumes sociais, é certo também que o enfrentamento de tal conjuntura (a partir do plano analítico da *governamentalidade* foucaultiana) seria potencialmente fecundo para a exploração de matizes múltiplos da materialidade normativa do campo pedagógico. Adentremos a questão.

Alfredo Veiga-Neto e Clarice Traversini (2009, p. 16) ressaltam a relevância da tematização da *governamentalidade* no âmbito educacional. Com e por meio dela, poder-se-ia compreender, por exemplo, as razões de a escolarização ter-se tornado uma das principais linhas históricas de sustentação do próprio Estado moderno. Além disso,

> *[...] na medida em que a escola tornou-se a instituição capaz de melhor e mais vigorosamente articular a genealogia do sujeito com a genealogia do Estado, também se compreende que a escola tem um papel preponderante nas transformações do mundo contemporâneo.*

No traçado do pensamento foucaultiano, a *governamentalidade* é definida, inicialmente, como o conjunto complexo de técnicas de governo em que passa a se apoiar a razão estatal a partir do século XVIII. Trata-se da articulação entre procedimentos técnicos polimorfos e intencionalidades políticas específicas em torno das quais operou o governo dos homens no Ocidente dos últimos séculos, objetivando a supervisão e a maximização calculadas das forças produtivas da sociedade, por intermédio da "permanente e objetiva associação entre o domínio da política, o exercício da autoridade e as modalidades de conduta evidenciadas pelos cidadãos" (Ó, 2009, p. 98).

Estamos diante, portanto, de uma guinada política da organização estatal, focada doravante não apenas no assentamento territorial, mas nos problemas populacionais, por meio do investimento na gestão *capilarizada* das condutas partilhadas pelos viventes em determinadas coordenadas espaço-temporais.

Compreendida genericamente como o quadro ético-político que facultou, a partir do advento da modernidade, a assimilação pela razão estatal de uma gama de ações espraiadas nas mais diversas práticas sociais, a *governamentalidade* operará com vistas à sedimentação e à difusão de um conjunto de saberes/práticas de teor normalizador segundo duas polaridades complementares: uma individual e analítica (disciplinar), outra populacional e quantitativa (biopolítica). Assim, disciplina e biopolítica estariam enfeixadas nos processos de *governamentalização*, visto que, enquanto a primeira individualiza, a segunda totaliza. Daí o pasmo de Foucault (1995a, p. 236) com o fato de que

> *{...} nunca, na história das sociedades humanas – mesmo na antiga sociedade chinesa –, houve, no interior das mesmas estruturas políticas, uma combinação tão astuciosa das técnicas de individualização e dos procedimentos de totalização.*

Em que pesem os deslocamentos do conceito de *governamentalidade* efetuados por Foucault ao longo de sua obra, operamos aqui com a definição ulterior por ele oferecida: "Esse contato entre as tecnologias de dominação sobre os outros e as tecnologias de si, eu chamo de *governamentalidade*" (2004d, p. 324).

Olena Fimyar (2009) relembra que o neologismo foucaultiano presta-se exatamente a articular as práticas de governamento social às mentalidades que as sustentam. Assim, política e moralidade encontrar-se-iam amalgamadas no duplo movimento da formação do Estado moderno e da construção da subjetividade de seus partícipes, convertidos em cidadãos. Daí "o esforço de criar sujeitos governáveis através de várias técnicas desenvolvidas de controle, normalização e moldagem das condutas das pessoas" (p. 38).

Desta feita, o conceito de *governamentalidade* consistiria em uma espécie de dobradiça articuladora dos domínios ser-poder e do ser-consigo, de acordo com a terminologia adotada por Veiga-Neto (2003a) acerca dos três grandes domínios analíticos em Foucault. Ademais, por meio da tematização da *governamentalidade*, tornar-se-ia possível ultrapassar a dicotomia emblemática das investigações (a do determinismo social *versus* a subjetividade) sob a rubrica das ciências humanas/sociais, legando um tipo de perspectiva não reducionista, não causal, nem finalista dos acontecimentos em análise.

Nem estruturas anônimas, nem entidades atávicas, mas relações de poder em ato, cuja apreensão abarcaria tanto o plano individual quanto o campo social. Segundo Jorge Ramos do Ó (2005), o que aí está em causa é a gestão normalizadora dos modos de vida das populações, por meio das dinâmicas tanto de individualização quanto de totalização, sendo ambas correspondentes a um único processo de governamento. As relações de poder sob a égide da *governamentalidade* seriam consoantes aos "[...] modos como, numa dinâmica onde a autonomia e liberdade estão cada vez mais presentes, se produzem cidadãos. Estes não são mais destinatários, mas intervenientes nos jogos e nas operações de poder" (p. 17).

Com o objetivo de arregimentar tanto os mecanismos de manutenção do próprio Estado quanto as múltiplas formas de (auto)governamento dos cidadãos, tal investida valer-se-á de uma série de mecanismos de normalização espraiados pelas mais variadas práticas sociais que, a despeito de lhe serem contingentes, serão alçadas à condição de necessidade e suficiência, quiçá universalidade – com destaque para a educação.

O que seriam as práticas educacionais, em quaisquer de suas vertentes, senão uma prova histórica do vigor da *governamentalidade* em seu aporte tão disciplinar quanto biopolítico, e, sobretudo, no que concerne

O PRESENTE EDUCACIONAL E AS TRANSFIGURAÇÕES DO *ÉTHOS* DOCENTE

à irredutibilidade dos processos de subjetivação aí desencadeados?

Deparamos, desse modo, com a razão imanente entre as intervenções de base educativa e o âmbito da *governamentalidade*, uma vez que elas seriam encarregadas, em sua processualidade cotidiana, de materializar e, ao mesmo tempo, de levar adiante uma estandardização extensiva, porém flexível, das condutas individuais e coletivas, valendo-se, para tanto, de um jogo ininterrupto com a liberdade dos sujeitos. Daí a educação não apenas como meio de governamento das coisas e pessoas, mas também como um de seus fins precípuos.

Nesse caso, os protagonistas escolares (em particular, o professorado) despontam como um segmento populacional amplamente visado, no que tange à exaltação e à incorporação contínuas de missões de cunho *governamentalizador*. Isso significa que o cotidiano educacional faz espraiar certas modulações normativas incrustadas nas ações corriqueiras, por meio, sobretudo, de estratégias psicopedagogizantes de governamento da alma tanto discente quanto docente, as quais atuam principalmente por meio da convocação ao exercício de uma liberdade intimizada e autorregulatória por parte dos sujeitos envolvidos.

Se for correta a premissa de que a *governamentalidade* terá as práticas educacionais menos como um terreno empírico pontual e mais como um dos *modi operandi* privilegiados de governamento dos viventes, será também correto concluir que a celeridade e o espraiamento dos atuais processos de *pedagogização* constituirão uma forma de gestão social tão onipresente quanto onisciente, porque apoiada paradoxalmente no dever impetrado e no direito autoproclamado ao usufruto de uma educação ininterrupta, sem amarras, que a tudo descortina porque tudo contém.

Assim perspectivadas, as práticas educacionais contemporâneas nada parecem apresentar de inocuidade (como supõe Lipovetsky), anacronismo (como diagnostica Bauman), baixa resolutividade, degradação, ou mesmo falácia. Ao contrário. Em que pesem as instabilidades próprias do campo, uma espécie de afã *governamentalizador* pode ser aferido nos fazeres educacionais atuais – sejam eles formais ou não, visto que tal programática parece ultrapassar em muito o perímetro escolar, embora dele jamais prescinda.

## 2. O fulgor dos processos de *governamentalização* educacional

No caso escolar, seria mais apropriado admitir uma tendência de embotamento da função disciplinar clássica em estreito convívio com uma robustez crescente da função *governamentalizadora* que a escola moderna, desde sua fundação, nunca cessou de levar a cabo. Em vez, portanto, de anunciar os estertores da escolarização contemporânea, mais fecundo seria compreender seus tantos paradoxos como índices de uma potente frente *governamentalizadora* aí em ação. E como isso se daria?

Em determinado momento de sua trajetória de pensamento, Foucault dispara uma questão capaz, por si só, de arrematar a ambição *governamentalizadora* das práticas educacionais: "Por que nas escolas não se ensina somente a ler, mas se obrigam as pessoas a se lavar?" (1996, p. 119).

Toca-nos reconhecer, de largada, que aquilo que é ensinado nas salas de aula (seja na forma prosaica das operações matemáticas ou das construções linguísticas, seja na modalidade de saberes humanísticos ou artísticos de teor criticista) ultrapassa e, no limite, dispensa a propalada distinção entre as dimensões conceitual, atitudinal e procedimental dos conteúdos escolares, uma vez que estes visariam tão somente a dar corpo e vazão a múltiplos comandos de cunho normalizador, transpassando as convenções e os chamamentos pedagógicos de época. Prova disso é o fato de os agentes escolares serem insistentemente convocados a materializarem o papel tido como o mais nobre de todos: de exemplo para as novas gerações, subsidiando, assim, a identificação dos mais jovens com determinados modos de vida virtuosos, afinados a uma existência salutar, benfazeja e, sobretudo, responsável – o que, ademais, arregimentaria a edificação de um convívio democrático, respeitoso e pacífico tanto nas escolas quanto fora delas. Assim, no indivíduo mais pedagogicamente talhado (professor ou aluno, em igual medida), residiria o limiar de uma coletividade mais desenvolvida, mais emancipada e, afinal, mais humana, tendo as salas de aula como seu lócus fundador. Eis aí a crença-base do projeto escolar-civilizatório, não obstante suas sucessivas oscilações, deslocações e recomposições históricas.

Com efeito, é possível afirmar que a defesa acalorada de modos de vida positivos vem reivindicando a aglutinação da variedade de funções e de âmbitos do ensino formal, e, com isso, suplantando a abstração e a fragmentação das narrativas pedagógicas canônicas. Trata-se, em suma, de uma investida unificadora do discurso pedagógico contemporâneo em prol de um projeto comum: o fomento de um (auto)governamento diuturno presidindo os gestos cotidianos, convertendo-se em crivo do que pensam, fazem e julgam os educadores quando em confronto com as novas gerações, e também destas em relação àqueles.

Assim sendo, ao horizonte de "certo estado de felicidade, pureza, sabedoria, perfeição ou imortalidade" (FOUCAULT, 2004d, p. 324) a que visam as "técnicas de si" (aquelas que, articuladas às estratégias de dominação sobre os outros, descreveriam o plano operacional da *governamentalidade*), poder-se-ia, sem titubear, acrescentar a noção de educabilidade.

No espectro da *governamentalidade*, a escola despontará, então, como um dos espaços privilegiados de criação, de aplicação e de difusão de técnicas pessoais sustentadas por jargões *pedagogizantes* específicos. Afirma o próprio Foucault (1995b, p. 276) que,

> *primeiro, as técnicas de si não exigem o mesmo aparelho material que a produção de objetos e são, portanto, técnicas frequentemente invisíveis. Segundo, são frequentemente ligadas às técnicas de direção dos outros. Por exemplo, se tomamos as instituições educacionais, compreendemos que alguém está governando os outros e ensinando-lhes a governar-se.*

O exemplo empregado pelo pensador remete ao fato de que as práticas educacionais se afiguram como ocasião para a consecução de um conjunto de "experiências de si" – na acepção de Jorge Larossa

(1994, p. 57) –, por meio das quais se consagram modalidades invisíveis de direção da conduta entre e pelos protagonistas escolares; docentes ou discentes, tanto faz. Segundo o autor espanhol, não se poderia conceber o âmbito pedagógico como espaço neutro ou ilibado de promoção e de desenvolvimento do

> *autoconhecimento, da autoestima, da autonomia, da autoconfiança, do autocontrole, da autorregulação etc., mas como produtor de formas de experiência de si nas quais os indivíduos podem se tornar sujeitos de um modo particular.*

Autoinspeção, autoproblematização e automonitoramento passam, assim, a figurar como variáveis interdependentes no (auto)governamento das populações escolares, via os processos de subjetivação aí sediados. Dito de outro modo, trata-se do nexo fulcral entre relações de poder e subjetividade, responsável por modos de constituição pessoal intimamente atrelados à ordem. Segundo Veiga-Neto (2000, p. 185), tal nexo consistiria no efeito combinado entre duas instâncias distintas, mas complementares: "o jogo da cidade – totalizador, jogado na população – e o jogo do pastor – individualizador, jogado no indivíduo".

Poder pastoral, um dos conceitos operatórios mais intrigantes de Foucault (2008), consiste em uma tecnologia política advinda do cristianismo e englobada pelo Estado moderno laico. A genialidade estratégica de tal modalidade de gestão dos viventes reside, segundo o pensador, no fato de que, enquanto na racionalidade cristã se visava a conquistar a salvação individual alhures, no mundo secularizado trata-se de assegurá-la na esfera terrena. A ideia de salvação, agora a cargo dos próprios indivíduos, passa

O PRESENTE EDUCACIONAL E AS TRANSFIGURAÇÕES DO *ÉTHOS* DOCENTE

a ter uma matriz mundana, recodificada em termos de saúde, seguridade, felicidade pessoal – desde que os cidadãos se disponham a serem qualificados para tal. Educabilidade, mais uma vez.

Almejando cuidar não apenas do coletivo, mas também de cada um de seus integrantes em particular durante toda a extensão de suas vidas, o poder pastoral será exercido pelo Estado a partir do século XVIII por intermédio das instituições sociais que, não obstante suas particularidades, constituirão uma rede pastoral espraiada. Mais especificamente, será por meio do acesso à intimidade das pessoas, via a exploração e o controle de suas almas, que o jogo do pastor se ocupará das consciências dos indivíduos, incitando--os a aderir aos regimes de verdade em voga.

No caso específico da escolarização, François Dubet (2011, p. 293) oferece um instigante ponto de vista acerca de seu papel em um tipo de construção da cidadania (segundo o modelo francês) calcado firmemente em técnicas cristãs:

> *A formação da cidadania não é apenas uma questão de princípios e de valores, ela inscreve-se na própria forma de escolarização, na maneira de operar as aprendizagens, num sistema de disciplina, num conjunto de regras. Ela procede sobretudo de uma forma escolar. {...} Para dizer em poucas palavras, a escola republicana assumiu por sua própria conta a **forma** de socialização universal adotada pela Igreja, tendo modificado totalmente os valores e as finalidades, mas mantido o mesmo mecanismo. Ela queria fabricar cidadãos utilizando as mesmas técnicas da Igreja que queria fabricar crentes* (grifo do autor).

Na contemporaneidade, a fabricação dos novos crentes será reapropriada, sobretudo, pelos *experts*, aqueles personagens sociais contemporâneos encarregados, segundo Nikolas Rose (1998), de produzir topografias morais, bem como de tutelar seu uso, operando por meio de uma ação a dis:ância sobre as escolhas cotidianas dos cidadãos, estas subscritas às normas científicas, aos valores políticos dominantes e aos padrões de consumo vigentes, não obstante reclamem para si a chancela de neutralidade e de livre-arbítrio. Donde as peculiaridades tornadas desvantagens, eufemismo para *disfuncionalidade* ou, no limite, inabilidade autogestionária: o filão mercadológico multitudinário dos peritos da conduta.

Trata-se do jogo do pastor (agora transmutado em jogo do *expert*) operando no "encalço das almas", regulando cada passo individual e perpetrando regimes do eu tão estereotipados quanto idiossincráticos a sujeitos que se creem autônomos, ainda que (e porque) ininterruptamente governados. Esclarece Rose (1998, p. 44):

> *O governo da alma depende de nos reconhecermos como, ideal e potencialmente, certo tipo de pessoa, do desconforto gerado por um julgamento normativo sobre a distância entre aquilo que somos e aquilo que podemos nos tornar e do incitamento oferecido para superar essa discrepância, desde que sigamos o conselho dos experts na administração do eu.*

Na esfera educacional, o jogo do *expert* dar-se-á especialmente por meio de um incansável trabalho de inculcação de ideais transcendentes que, repetidos à exaustão, se reduzirão a *slogans* do tipo: o dever/direito de desenvolver-se; a construção de uma vida melhor etc. *Slogans* de vocação *empreendedora* que a todos abarcariam, remetendo as existências escolares

O PRESENTE EDUCACIONAL E AS TRANSFIGURAÇÕES DO *ÉTHOS* DOCENTE

a um (auto)patrulhamento eterno e, por extensão, a um endividamento mais que voluntário: autoimpingido, autogerido e retroalimentador.

Eis aí o ponto exato em que o jogo do *expert* se justapõe ao jogo da cidade, uma vez que os processos de *governamentalização* educacional não se restringiriam ao âmbito escolar, embora dele jamais abram mão. Aspirando a um controle social de amplo espectro e em larga escala, tais processos terão como meta a conformação voluntária dos cidadãos a determinados imperativos de teor autogestionário, por meio de uma minuciosa e igualmente progressiva *pedagogização* dos mínimos gestos pessoais. Uma tática inquebrantável tão ou mais potente do que todos aqueles outros exercícios de poder regionalizados (a saúde, a justiça, a religião, o próprio Estado) que são reconhecidos como constritivos e em relação aos quais os cidadãos mantêm seja uma atitude de reserva, seja alguma resistência tímida, ainda que intermitente.

E quem haveria de contestar que o *approach pedagogizante* (ou, mais genericamente, educativo) é uma das formas mais suavemente tirânicas de que falava Foucault (2006b)? Quem haveria de negar que tal atitude é acatada de maneira inconteste, atravessando as relações sociais de ponta a ponta, como se se tratasse de um bem indispensável ou a resposta de época mais apropriada a necessidades supostamente inerentes à condição humana?

Se é certo que a *governamentalidade* contemporânea terá os processos de *pedagogização* como seu braço forte (em última instância, um de seus *modi faciendi*), restar-nos-á admitir que o âmbito propriamente pedagógico

O PRESENTE EDUCACIONAL E AS TRANSFIGURAÇÕES DO *ÉTHOS* DOCENTE

(em particular, o professorado) será alvo privilegiado do jogo do *expert*. Trata-se de uma modalidade de governamento de comandos brandos, porém ubíquos, já que sem concorrência, nem contestação; governamento de caráter provedor, devocional e redentor, que terá o ideal de (auto)formação como ponto de mira e o próprio profissional como artífice, restando-lhe a condição de um consumidor sempre em prontidão para angariar uma miríade de conhecimentos, que, cumpre lembrar, jamais poderão ser adquiridos por completo, já que em profusão e em deslocamento constantes.

Daí ser possível concluir que estaríamos diante de uma espécie de saturação *pedagogizante* do campo escolar atual, redundando naquilo que poderia ser sintetizado como uma acirrada *"pedagogização* do pedagógico"*, sempre com vistas à naturalização de um tipo de (auto)governamento flexível, porém obstinado, das condutas dos próprios profissionais, por meio da replicação de um sem-número de palavras de ordem espargidas por todo canto e ponto; palavras de ordem afiliadas aos padrões normativos apregoados pela *expertise* técnico-científico-pedagógica, em uma chave tão aconselhadora quanto prescritiva, tão emancipatória quanto doutrinária, tão pastoral quanto policialesca.

Alheios à prerrogativa de uma apropriação ativa de sua *profissionalidade*, os agentes educacionais findariam por sucumbir ao esquadrinhamento *pedagogizante* de seu *métier*, restando-lhes alguns efeitos deveras perturbadores, entre os quais: a tutela discursiva e a adulação aos comandos normativos/morais oferecidos pelos *experts*; a convicção de que o equacionamento de seus embaraços profissionais residiria em uma autossuficiência subjetiva fleumática; o entorpecimento de sua capacidade de pensar, bem como a diluição de sua independência de agir; por fim, a *despotencialização* dos gestos possíveis em favor de intenções esotéricas, resultando em impostura ética e, por extensão, em banalização política dos modos e condições da vida aí presente.

Desta feita, torna-se imprescindível perspectivar os processos de *pedagogização* dos modos de vida (seja no quadrante escolar, seja no exterior dele) como um efeito inelutável, na atualidade, dos modos de exercer o poder, este que, segundo Foucault, "[...] vai tão longe, penetra tão profundamente, é veiculado por uma rede capilar tão cerrada, que você se pergunta onde ele não existiria" (2006a, p. 95).

Para tanto, enveredemos pela análise de uma obra cinematográfica emblemática da contemporaneidade educacional: *Entre os muros da escola*.

## 3. Aquém e além dos muros da escola

*Já estou cheio desses palhaços, não aguento mais olhar para eles, não quero mais olhar para eles. Eles me aprontaram uma daquelas, não aguento mais, não aguento mais aturá-los, não aguento mais, não aguento mais, eles não sabem nada de nada, olham para você como se você fosse uma cadeira assim que você tenta ensinar alguma coisa, então que fiquem na merda, que fiquem nela, eu não vou mais procurar por eles, fiz o que deveria fazer, tentei tirá-los da merda, mas eles não querem e ponto-final, não posso fazer mais nada, puta merda, não aguento mais olhar para eles, ainda vou bater em um, tenho certeza, eles são de uma baixeza, de uma má-fé, sempre procurando confusão, mas vão lá, garotada, fiquem no seu bairro podre, vocês vão ficar lá pelo resto da vida e vai ser bem--feito, mas o pior é que eles estão felizes de ficar lá, os palhaços, vou procurar o diretor e vou dizer que não vou pegar os da oitava B daqui até o fim do ano, eles vão ter dois meses de Física a menos? Imagine se eles estão preocupados! De Física, eles não tiveram nem um segundo este ano, não fizeram nem um segundo, então não vão ser dois míseros meses de merda que vão fazer diferença, não é agora que eles vão começar a estudar, metade está no cio, gritando no pátio e até na classe, mas é um delírio, pode ter certeza, eles são como animais, juro, nunca vi coisa igual, não aguento mais aturá-los, não são nem as oitavas que vou pedir para não pegar, é todo mundo, é isso aí, vou procurar o diretor e vou dizer que não pego mais nenhum aluno daqui até o fim do ano, senão, eu juro, sou capaz de matar um, ele vai ficar bravo, o diretor, mas é quase uma medida de segurança, juro, alguém tem um lenço de papel?* (BÉGAUDEAU, 2009, p. 193-194).

Pela voz de um personagem que não se permite identificar com precisão, o narrador do livro *Entre os muros da escola* empenha-se em atualizar o leitor no que se refere à atribulada paisagem da educação formal contemporânea. E o faz sem retoques, sem volteios e sem concessões, compondo, em última instância, uma espécie de réquiem atonal do sonho moderno da escolarização das massas; sonho do qual não é possível saber ao certo se nos tornamos órfãos, se sempre fomos filhos bastardos dele ou, o que é mais provável, as duas coisas ao mesmo tempo.

O PRESENTE EDUCACIONAL E AS TRANSFIGURAÇÕES DO *ÉTHOS* DOCENTE

Seria plausível admitir, portanto, que o livro de François Bégaudeau consiste em uma mostra fidedigna da disposição ora arredia, ora cambaleante de boa parte daqueles que se dedicam a educar as novas gerações, seja na França, seja no Brasil, seja em qualquer outro rincão do mundo ocidental contemporâneo. Uma disposição que, carcomida pelas circunstâncias, encontrará seu termo na imagem de um lenço de papel (signo dos estertores da utopia universalista de emancipação do sujeito carreada nas e pelas práticas escolares), culminando em nada além do que fardo ocupacional para aqueles que tomaram para si o imperativo de iniciar os mais novos nas artes de viver.

Entre a suntuosidade do sonho educacional moderno e a labilidade das práticas contemporâneas responsáveis por levá-lo adiante, erige-se um *delay* discursivo entrecortado não apenas por desenraizamentos múltiplos, mas também por novos clamores, novos sobressaltos, novas capturas, convertendo, assim, o trabalho educativo em uma experiência nada além de sisífica para os que dele se incumbem e, em larga medida, para os que dele são alvo.

É exatamente esse cenário em ruína e, ao mesmo tempo, em reconstrução que está em pauta em *Entre les murs,* filme dirigido por Laurent Cantet e ganhador da Palma de Ouro de 2008, cujo roteiro é inspirado no livro homônimo de Bégaudeau, lançado na França (2006) e no Brasil (2009).

A estrondosa recepção da obra cinematográfica mundo afora parece dever-se, entre outras razões, ao caráter híbrido da estratégia fílmica: uma espécie de meio caminho entre documentário e ficção. Nem jornalismo, nem literatura, *Entre os muros da escola* oferece um conjunto de reflexões que, em maior ou menor grau, captura a atenção de seus espectadores pela exposição corajosa e, ao mesmo tempo, parcimoniosa que opera. Não se definindo intrinsecamente como um veredicto da alegada crise da educação na França, tampouco como uma parábola da tensa incorporação dos filhos dos ditos "extracomunitários" na sociedade europeia, o filme abstém-se de firmar uma tese explicativa global do estado de coisas da educação pública naquele país, oferecendo apenas um registro pontual de seus deslocamentos cotidianos, suas nuanças, suas filigranas. Isso porque os realizadores parecem ter optado por não investir em uma suposta verificação da dita realidade escolar – uma decisão acertada, a nosso ver, já que aquilo que se apresenta como tal é um objeto sempre mutante, infinitesimal e, afinal, inapreensível; objeto que não pede para ser esquadrinhado, mas, quiçá e no limite, problematizado. É isso que, a nosso ver, *Entre os muros da escola* quer e faz.

Desvencilhado da tarefa de fazer falar a verdade última dos fatos sobre os quais se detém, o filme, claro está, vale-se da conjuntura da escola pública na França atual, mas não apenas disso. Nele, há várias camadas temáticas superpostas, as quais incluem desde os embates entre o legado epistêmico e a indústria cultural, os limites e possibilidades da democracia escolar mediante as novas configurações populacionais na Europa, os usos e costumes de uma instituição secular sitiada por processos de franca desinstitucionalização, até os tensos embates geracionais entre mais velhos e mais jovens, passando pelo questionamento do papel e da função de um professor hoje e, particularmente, pela lenta acomodação da profissão docente às novas equações societárias, ainda em gestação – sem, com isso, pressupor que haja uma essência primeira e única do trabalho de um professor. Não há e, admitamos, nem pode haver.

Nesse sentido, se *Entre os muros da escola* tivesse de ser associado a alguma obra da mesma linhagem narrativa, esta seria *Quando tudo começa... e não Ser e ter*, ambas conterrâneas suas e com semelhante tipo de enquadre; no segundo caso, porém, trata-se de um documentário tradicional, na acepção técnica do gênero, que pretende dar a conhecer a ação competente de um professor polivalente em uma escola rural francesa. A mesma distinção pode ser estendida ao equivalente nacional *Pro dia nascer feliz*, de 2006, dirigido por João Jardim: uma tentativa discutível, a nosso ver, de radiografar o Ensino Médio no Brasil baseada em depoimentos de jovens frequentadores de escolas públicas, em contraposição aos de uma escola privada de elite.

Em *Entre os muros da escola*, o que está em questão não é a personalidade, o talento, a notoriedade ou o exotismo de um professor, mas tão somente seus fazeres ordinários, suas hesitações e suas difíceis decisões ante os desafios que o trabalho com um grupo regular de alunos vai-lhe impondo. Em suma, um professor como outro qualquer tendo de se haver cotidianamente com as agruras de seu ofício – sem chance de final feliz, diga-se de passagem. Daí o traço distintivo da obra, o que inclui sua proposta

> *Quando tudo começa...*
> Título original: *Ça commence aujourd'hui.*
> Direção: Bertrand Tavernier. França, 1999.
>
> *Ser e ter*
> Título original: *Être et avoir.* Direção: Nicholas Philibert. França, 2002.

Duas produções recentes, contudo, são dignas de destaque, independentemente da razoabilidade de seus argumentos: o documentário independente *La educación prohibida* (Direção: Germán Doin. Argentina, 2012), sobre algumas experiências pedagógicas ditas *progressistas* nos países latino-americanos e Espanha, e *Waiting for superman* (Direção: Davis Guggenheim. EUA, 2010), sobre várias histórias pessoais interligadas a determinadas injunções do sistema público de ensino americano.

narrativa: é um filme arrastado, talvez demasiado longo para os padrões atuais de nossa breve atenção, uma vez que o trabalho docente também o é. Um gesto moroso e, a rigor, a fundo perdido.

Vale recordar que o magistério é um tema infrequente nos documentários, uma vez que as vidas de professores parecem ser tidas, não sem razão, como algo banal e enfadonho, ao passo que, em certas circunstâncias, podem vir a ser o contrário absoluto. Não é o caso, entretanto, do cinema de ficção. Nele, personagens docentes vêm sendo aludidos com regularidade e de modos bastante distintos. De um lado, por exemplo, *O jarro, Nenhum a menos, A língua das mariposas* e também *Uma lição de vida*: expoentes cinematográficos em que a docência se mostra como ocasião de um encontro possível, porém sempre defasado, entre professor e aluno e seus modos irreconciliáveis de habitar o mundo. De outro lado, desde *Ao mestre com carinho, Conrak* e *O despertar de Rita*, passando por *Sociedade dos poetas mortos, Meu mestre, minha vida, Adorável professor, A última grande lição, O clube do imperador, O sorriso de Mona Lisa, Escritores da liberdade, Educação*, até, por exemplo, os mais recentes *O substituto* e *O que traz boas novas* – todos eles, de um modo ou de outro, atados a uma apreensão idealizada e laudatória do trabalho de um professor, ao retratá-lo como um agente civilizador; uma alma ilibada, tenaz e benfazeja atuando com obstinação em favor da edificação moral das novas gerações; enfim, um farol no suposto desgoverno do presente a prenunciar um futuro virtuoso. Ou seu avesso absoluto, no caso de *A onda* ou de *A caça*, ou ainda o avesso do avesso disso, como no extraordinário *Madadayo*. E, definitivamente, o protagonista de *Entre os muros da escola* não é nem uma coisa, nem outra.

| Título em português | Título original e referência da obra |
|---|---|
| O jarro | Khomreh. Direção: Ebrahim Foruzesh. Irã, 1992. |
| Nenhum a menos | Yige dou buneng shao. Direção: Zhang Yimou. China, 1998. |
| A língua das mariposas | La lengua de las mariposas. Direção: José Luis Cuerda. Espanha, 1999. |
| Uma lição de vida | Wit. Direção: Mike Nichols. EUA, 2001. |
| Ao mestre com carinho | To Sir, with love. Direção: James Clavell. EUA, 1967. |
| Conrak | Conrack. Direção: Martin Rite. EUA, 1972. |
| O despertar de Rita | Educating Rita. Direção: Lewis Gilbert. Inglaterra, 1983. |
| Sociedade dos poetas mortos | Dead poets society. Direção: Peter Weir. EUA, 1989. |
| Meu mestre, minha vida | Lean on me. Direção: John G. Avildsen. EUA, 1989. |
| Adorável professor | Mr. Holland's opus. Direção: Stephen Herek. EUA, 1995. |
| A última grande lição | Tuesdays with Morrie. Direção: Mick Jackson. EUA, 1999. |
| O clube do imperador | The Emperor's club. Direção: Michael Hoffman. EUA, 2002. |
| O Sorriso da Mona Lisa | Mona Lisa smile. Direção: Mike Newell. EUA, 2003. |
| Escritores da liberdade | Freedom writers. Direção: Richard LaGravenese. EUA/Alemanha, 2007. |
| Educação | An education. Direção: Lone Scherfig. Inglaterra, 2009. |
| O substituto | Detachment. Direção: Tony Kaye. EUA, 2011. |
| O que traz boas novas | Monsieur Lazhar. Direção: Philippe Falardeau. França, 2011. |
| A onda | Die Welle. Direção: Dennis Gansel. Alemanha, 2008. |
| A caça | Jagten. Direção: Thomas Vinterberg. Dinamarca, 2012. |
| Madadayo | Madadayo. Direção: Akira Kurosawa. Japão, 1993. |

A questão que parece pontilhar o roteiro do filme dirigido por Laurent Cantet é bastante prosaica e, ao mesmo tempo, deveras intrincada ("o que exatamente faz um professor em sala de aula, hoje?"), e não quais seriam os requisitos para distinguir-se dos demais, para, assim, voltar a ser reputado como alguém valoroso em um mundo que não mais o reconhece como tal – tônica principal, aliás, da filmografia norte-americana sobre a docência. Tais requisitos, é bom lembrar, não existem *a priori*, senão como efeito de um conjunto de expectativas, em geral, impraticáveis. De outro modo, os passos concretos de um professor desdobram-se na superfície acidentada do cotidiano, demarcada por nada mais que urgências. Professores agem, decerto, e fazem-no premidos por circunstâncias quase sempre imponderáveis. Professores agem, outrossim, a partir de decisões amiúde improvisadas e, no mais das vezes, passíveis de engodo ou ludíbrio, já que à mercê de uma profusão de demandas dignas de espanto.

No livro-roteiro do filme, François Bégaudeau (2009, p. 54-55), que é também seu ator principal, apresenta um rol de questões à espera de respostas, as quais exemplificam a copiosidade e, ao mesmo tempo, a dubiedade crônicas que revestem a empreitada educacional contemporânea. Vale a pena conhecê-las na íntegra.

*1. Quais são os valores da escola republicana e como fazer para que a sociedade os reconheça?*
*2. Qual deve ser o papel da escola para a Europa de hoje e das décadas futuras?*
*3. Que tipo de igualdade deve a escola perseguir?*
*4. Deve-se partilhar de outra forma a educação para jovens e adultos, e investir mais no mundo do trabalho?*
*5. Que base comum de conhecimentos, de competências e de regras de comportamento os alunos devem dominar prioritariamente ao fim de cada etapa da escolaridade obrigatória?*
*6. Como a escola deve adaptar-se à diversidade de alunos?*
*7. Como melhorar o reconhecimento e a organização da via profissional?*
*8. Como motivar os alunos e fazê-los trabalhar com eficiência?*

## O PRESENTE EDUCACIONAL E AS TRANSFIGURAÇÕES DO *ÉTHOS* DOCENTE

*9. Quais devem ser os objetivos e as modalidades de avaliação dos alunos, de atribuição de notas, de exames?*

*10. Como organizar e melhorar a orientação dos alunos?*

*11. Como preparar e organizar a entrada para o curso superior?*

*12. Como os pais e parceiros externos da escola podem favorecer o sucesso escolar dos alunos?*

*13. Como ocupar-se dos alunos com grandes dificuldades?*

*14. Como promover a escolaridade de alunos com deficiências ou doenças graves?*

*15. Como lutar eficazmente contra a violência e comportamentos antissociais?*

*16. Que relações estabelecer entre os membros da comunidade educativa, em particular, entre pais e professores e entre professores e alunos?*

*17. Como melhorar a qualidade de vida dos alunos na escola?*

*18. Como, em matéria de educação, definir e repartir os papéis e as responsabilidades respectivas do Estado e das coletividades territoriais?*

*19. Deve-se dar mais autonomia às escolas e avaliar seu desempenho nesse aspecto?*

*20. Como a escola deve maximizar os meios de que dispõe?*

*21. Deve-se redefinir as funções da escola?*

*22. Como formar, recrutar, avaliar os professores e organizar melhor sua carreira?*

As interrogações formuladas pelo (agora) professor Bégaudeau são uma mostra da inflação discursiva que ronda a profissão docente na atualidade, assombrada por uma polivalência decretada.

Disseminar os valores republicanos, com destaque para a liberdade; processar e validar conhecimentos, competências e regras de comportamento; observar as exigências para a inserção tanto no mundo profissional quanto no universitário; respeitar a diversidade do alunado, atentando para aqueles com dificuldades, deficiências ou doenças graves; assegurar orientação, motivação e eficiência no que diz respeito à execução das atividades diárias; minimizar a violência, o onipresente *bullying* e outros males sociais; estabelecer parcerias com o Estado, com a comunidade e, sobretudo, com as famílias dos alunos; zelar pelo cultivo da autonomia e, ao mesmo tempo, pela racionalização dos esforços em relação à formação, bem como à avaliação de seu desempenho; por fim, garantir a melhoria das condições de vida dos envolvidos na cena escolar; isso tudo sem perder de vista a consecução de uma infinidade de projetos temáticos pontuais destinados a difundir esclarecimentos e medidas de administração sobre determinado problema social momentâneo: eis um inventário (incompleto, aliás) das missões escolares em sua multiplicidade esfuziante, todas elas portadoras de sentidos incidentais, transversais e, em última instância, ulteriores em relação à transmissão do legado epistêmico e cultural, esta tida outrora como objetivo único e exclusivo da instituição escolar.

Embaladas por uma espécie de longo cardápio de evocações tão extravagantes quanto irrealizáveis, as práticas escolares findam por conhecer, em primeira mão, um efeito colateral desconcertante: a vulnerabilidade de seus profissionais, ilhados entre uma escola que se proclama vigorosa e abundante quanto a suas missões de fundo, e outra escola que não cessa de se confessar impotente quanto à consecução de tais missões, restando-lhe nada além do que a oferta de respostas voláteis, pontuais e desarmônicas em relação aos chamamentos da época.

O PRESENTE EDUCACIONAL E AS TRANSFIGURAÇÕES DO *ÉTHOS* DOCENTE

A firme crença na razão humana e, por conseguinte, no progresso civilizatório oportunizado pelo usufruto das conquistas sob a rubrica do conhecimento secularizado (crença consubstanciada em um projeto educativo messiânico de vocação tão generativa quanto corretiva) encontrará seu ponto de exaustão exatamente no desencantamento daqueles encarregados de serem seus guardiões: os profissionais da educação.

Tal exaustão se mostra vetorizada por um sentimento aflitivo de desamparo e inocuidade ocupacionais, margeado *pari passu* por um drástico ressentimento contra os mais jovens, ao serem tomados não como parceiros, mas como algozes, na lida de uma existência encerrada entre os muros de um edifício secular, cujas falhas, ocos e cavidades se prestam a nos relembrar tão somente aquilo que já não somos, sem oferecer, em contrapartida, nem uma fresta sequer de visibilidade daquilo que estamos em vias de nos tornar.

De modo consoante à polivalência atribuída aos docentes, vemos despontar um ofício marcado pela redefinição incessante de sua jurisdição e, por conseguinte, pela hibridização das formas de atuação de seus profissionais. Julia Varela (1999), a reboque da teorização foucaultiana, oferece um mapa geral dos modos de organização da pedagogia moderna consubstanciado em três grandes movimentos históricos (as pedagogias disciplinares, as corretivas e as psicológicas), cada qual decretando ao ideário da profissão docente exigências adicionais e não excludentes entre si. Amontoadas, tais exigências findam por engendrar uma espécie de *pot-pourri* teórico-metodológico, reduzindo a arena dos fazeres didáticos a um aglomerado de expedientes não congruentes. Por exemplo, enseja-se uma visão crítica sobre determinados problemas da realidade social, mas se vale de estratégias tecnicistas para abordá-los; preocupa-se com o desenvolvimento de certas aquisições intelectuais, mas avaliam-se as competências e as habilidades do alunado de maneira tradicionalista, e assim por diante.

Isso significa que as práticas escolares parecem tornar-se mais e mais cativas de demandas episódicas, sucessivas e, não raras vezes, concorrentes, tendo seus propósitos redesenhados ao sabor de modismos aleatórios. Sempre disposta a atender prontamente o que lhe é imputado pelas mais variadas instâncias sociais, a intervenção escolar passa a caracterizar-se como uma espécie de mosaico sempre movente de iniciativas que coabitam por mera justaposição e, paradoxalmente, quase sem conflito, já que justificadas por um renitente ecletismo profissional ditado tanto pelas conveniências quanto pelas urgências da famigerada "prática" – argumento empregado por dez entre dez profissionais da educação para justificar tanto aquilo que fazem quanto o que ignoram.

Contudo, o afã expansionista da intervenção escolar na atualidade não tarda a surtir um efeito devastador: o falseamento intelectual da ação docente, por meio da oferta de um ensino fracionado, aligeirado e sincrético, malgrado abençoado por jargões imediatistas tão unânimes quanto obtusos; jargões incapazes, no entanto, de ocultar a letargia tanto ética quanto política de que padecem. Daí a substituição da dimensão

O PRESENTE EDUCACIONAL E AS TRANSFIGURAÇÕES DO *ÉTHOS* DOCENTE

imediatamente epistêmica dos fazeres escolares por outras destinações incertas, muitas vezes consagradas por palavras de ordem de difícil, senão impossível, problematização: a construção da cidadania; o fomento do espírito crítico; a edificação de uma cultura de paz; o cultivo do respeito às diferenças etc. E quem haveria de negar tais mantras da época?

Não se trata, aqui, de objetar a tais proposições, muito menos de se insurgir contra a lógica maniqueísta que a elas subjaz, mas de, a partir delas, operar um cotejo analítico entre, de um lado, a crença social nos poderes milagrosos da institucionalização escolar no que concerne ao saneamento dos males que assolariam o mundo contemporâneo (poderes reiterados por incessantes declarações de louvor ou de encorajamento à ação dos professores) e, de outro, o sem-número de evidências em contrário, que vão desde os índices de aproveitamento do alunado tidos como calamitosos até a desagregação das relações civis entre seus protagonistas, sinalizada por queixas recorrentes de descrédito, licenciosidade, animosidade, desincumbência ou apatia por parte das novas gerações.

Daí que, entre o catastrofismo discursivo dos profissionais da educação e o salvacionismo visionário dos atores civis externos às práticas escolares, funda-se uma espécie de cortina de fumaça camuflando os usos e os costumes de uma instituição à deriva que, na linha do tempo, viu-se converter em um mero depósito da infância e da juventude, incapaz de promover um diálogo substancial com aqueles sob seu domínio – e isso em qualquer nível de escolaridade ou esfera gestionária.

Em uma entrevista concedida por ocasião do lançamento do filme, Bégaudeau oferece uma reflexão oportuna acerca dos "mal-entendidos entre um adulto e um adolescente em um ambiente escolar", o que, segundo ele, constitui a preocupação exclusiva de sua obra.

> *Todas as organizações, como a escola, a família e a sociedade, repousam sobre a convicção de que alguns sabem mais do que os outros, que alguns detêm o saber e a experiência. Aí está a ilusão. Ilusão na qual acreditamos até o dia em que nos vemos adultos, professores e pais. E aí nos damos conta de que não sabemos muito mais do que sabíamos dez anos antes. E que não dominamos de fato o tema da vida. Daí é preciso fazer o teatro dos adultos. Não é tão difícil se dar conta de que tudo é teatro. Esse adulto, que tem autoridade, é um pouco como um policial que todos os dias entra em cena ostentando seu uniforme* (SIMÕES, 2009).

A analogia entre as atividades docente e policial, ambas conexas a uma encenação titubeante das relações de autoridade que incidem sobre as novas gerações, não seria, a nosso ver, apenas fruto do tirocínio de um crítico arguto como Bégaudeau. Ela é, a rigor, a condição de possibilidade do presente escolar nas sociedades de normalização.

Foi Foucault um dos primeiros teóricos a espicaçar a razão imanente entre educação e normalização social, por meio dos processos de ordenamento da multiplicidade humana aí levados a efeito (tanto em seu viés individual/disciplinar, quanto no plano populacional/biopolítico), desbaratando, assim, a retórica secular que prega um otimismo educacional tão simplista e bem-intencionado quanto subserviente a forças regulatórias implacáveis, porquanto encarregadas da fabricação, da manutenção e da proliferação de modos de vida em íntima consonância com os imperativos do controle, da classificação, da hierarquização e, por fim, da produtividade; modos de vida identitariamente serializados, estandardizados, não obstante proclamem-se autoarbitrados, resultantes de uma alardeada atividade autorreflexiva etc.

Se, no ideário das teorias pedagógicas dominantes, sejam elas desenvolvimentistas, sejam afiliadas ao pensamento progressista, a educação escolar figura inapelavelmente como condição *sine qua non* de passagem para a maioridade do sujeito e, por conseguinte, para a transformação social (tenham elas um sentido *adaptacionista*, reformador ou revolucionário, tanto faz), no escopo da teorização foucaultiana, por sua vez, a escola desponta como propulsora de mecanismos de incitação e conformação das novas gerações ao nexo subjetividade-verdade em voga. Um intrincado engenho destinado a uma regulação social de amplo espectro das condutas dos viventes, estas intrinsecamente imantadas à norma.

A analítica *foucaultiana* revela-se, por assim dizer, um divisor de águas no que se refere à crítica do papel que as práticas educativas desempenham no presente democrático nas sociedades ocidentais, a reboque do qual o primado de uma subjetividade em formação permanente vê-se convertido em leitmotiv e, ao mesmo tempo, em um dos *modi operandi* privilegiados de modelagem dos sentidos que atribuímos ao viver. E o espraiamento sem precedentes de práticas de teor *pedagogizante*, não mais circunscritas ao espaço escolar, está aí não apenas para prová-lo, mas também para dele fazer um decreto inconteste.

Trata-se, pois, de apreender a educabilidade como um princípio incondicionado de organização dos modos de vida na atualidade, ou seja, "como um fenômeno de toda a sociedade, um processo não centrado na escolarização dos cidadãos, mas na civilização das sociedades; não 'escola e sociedade', mas a 'sociedade como uma escola'", na concepção de Roger Deacon e Ben Parker (1998, p. 142), dois reconhecidos analistas das questões educacionais na vertente foucaultiana.

Encarada dessa maneira, a educação contemporânea não estaria provando nenhuma espécie de indício de insolvência, corrupção ou degeneração. Ao contrário. Estaríamos diante do zênite educativo moderno, agora materializado pela intervenção de uma variedade de instâncias não formais, portadoras (como se costuma apregoar) de uma resolutividade decididamente maior do que as já obsoletas práticas escolares tradicionais.

Organizações não governamentais, mídia, arte, ciência, religião, esporte, política, medicina, justiça, comércio, empresas, sindicatos e, por fim, a cidade educadora, todos emitindo um apelo diuturno ao homem comum para que se deixe instruir, para que se esforce em se converter em um cidadão, de fato e de direito, da nova era cognitiva. Destituído da capacidade de se orientar a partir dos saberes pregressos, já que estes se encontrariam em iminência de desuso e, portanto, de descarte, o sujeito aprendente da contemporaneidade passa a comprazer-se não mais com aquilo que, a duras penas, acumulou na memória, mas com o que se anuncia como incessante novidade e que, portanto, continuamente lhe falta. Zygmunt Bauman (PORCHEDDU, 2009, p. 669-670) define tal mecanismo com precisão:

> *{...} o conhecimento precedente envelhece e o novo, recém--nascido, é destinado a envelhecer do mesmo modo: a volatilidade do mundo líquido, parcamente integrado e multicêntrico, faz com que cada um dos episódios sucessivos dos projetos conduzidos na vida requeira uma série de competências e informações que tornam vãs as competências pregressas e as informações memorizadas. Aprender quantidades excessivas de informações, procurando absorvê-las e memorizá-las, aspirando tenazmente à completude e à coesão das informações adquiridas, é visto com suspeita, como uma ilógica perda de tempo.*

Como se pode deduzir sem grande esforço, as palavras de ordem nas atuais coordenadas sócio-históricas passam a ser:

1) a porosidade a uma atualização tão difusa quanto diuturna de conhecimentos úteis, traduzida em termos de indiscernibilidade entre validade e serventia do que se aprende;

2) a autorresponsabilização compulsória pelo cultivo das faculdades intelectivas requeridas à época, em observância aos comandos alardeados pela *expertise* técnico-científica;

3) a adaptabilidade irrestrita à mudança, convertida em repulsa à lentidão e ao sedentarismo – ainda com Bauman, "caminhar é melhor do que ficar sentado, correr é melhor que caminhar e surfar é melhor que correr" (p. 664).

Atualizar-se, responsabilizar-se, adaptar-se: eis os predicados para o ingresso e a permanência na dita sociedade do conhecimento. Juntos, eles serão responsáveis por uma atitude calculista ante o porvir; uma atitude não obstante arriscada, dadas a variância e a profusão dos saberes tidos como imprescindíveis em determinado momento e, logo em seguida, ultrapassados, abandonados e para sempre esquecidos. E já que, afinal, nada haveria para ser aprendido que durasse por muito tempo, a esse aprendiz empreendedor restaria render-se a um único e sôfrego desígnio: o "aprender a aprender".

No *Relatório para a Unesco da Comissão Internacional sobre Educação para o século XXI,* foram promulgadas as destrezas exigidas desse homem democrático e participativo; atento e aberto às mudanças; portador de um raciocínio crítico e de uma conduta autônoma; por fim, um ser em desenvolvimento pessoal vitalício. Ele terá de:

1) aprender a conhecer, interessar-se pelo mundo das descobertas científicas, a fim de libertar-se de sua ignorância crônica;
2) aprender a fazer, voluntariar-se a agir, correr riscos e errar, se for necessário;
3) aprender a conviver, exercitando a fraternidade e a paz, via a tolerância para com as diferenças humanas e sociais;
4) aprender a ser, isto é, a assumir, em seu foro mais íntimo, seu papel de agente ativo no mundo, consciente de seu compromisso com a história que lhe é decretada.

Daí uma educação que vise a "fornecer, de algum modo, os mapas de um mundo complexo e constantemente agitado e, ao mesmo tempo, a bússola que permite navegar através dele" (DELORS, 1996, p. 89).

Eis aí formulados inequivocamente os pilares político-morais não apenas da educação formal, mas dos intensos processos de *pedagogização* da vida na atualidade – leia-se, a tutela pastoral dos indivíduos e das populações com vistas ao autogerenciamento de seus corpos, de suas almas e de suas relações. Daí que entre educação, cidadania e subjetividade funda-se uma relação de simultaneidade e reciprocidade, constituindo-se, assim, um nexo causal indelével a sustentar a irrupção de um personagem social onipresente: o *homo pedagogicus* (DEACON; PARKER, 1998).

Destarte, as práticas educativas na atualidade, em quaisquer de suas modalidades, veem-se converter paulatinamente no braço forte dos processos de *governamentalização*, por meio da associação causal entre determinada forma de governo dos homens e uma arraigada imagem modelar de sujeito livre, malgrado visceralmente subscrito à norma – tal vinculação, cumpre lembrar, dando-se de maneira sempre mediata, discreta, facultativa.

Toca-nos, então, perguntar: como desbaratar a lógica *governamentalizadora* que preside as relações educativas hoje? Como abdicar de uma herança sem a qual, no entanto, não somos capazes de nos reconhecer como habitantes do presente?

Se plausível for a hipótese de que as práticas escolares na contemporaneidade são atravessadas por nítidos efeitos de disjunção entre o excesso saturante de expectativas a elas atribuídas e seu pífio alcance do ponto de vista pedagógico *stricto sensu*, e, além disso, de que é possível atestar uma acirrada propagação de práticas de teor e vocação *pedagogizantes*, agora não mais apenas escolares, dispersas de modo difuso no tecido social, será igualmente plausível deduzirmos que a agenda educacional, em suas complexidade e multidimensionalidade, vem angariando um vigor autolegitimador jamais antes visto.

Nesse sentido, a irradiação de práticas pedagógicas de natureza não formal estaria deslindando não uma suposta decadência do projeto escolar moderno, mas um deslocamento do epicentro nervoso da tradição educativa, antes ocupado exclusivamente pela instituição escolar. Ou seja, o presente educacional ter-se-ia convertido em algo demasiado voraz para se satisfazer apenas com sua versão formal.

Com efeito, as frenéticas circunvoluções de iniciativas sob o timbre educativo parecem sinalizar um prolongamento não apenas reverberatório, mas também hipertrofiado das imagens seculares de emancipação, autonomia e liberdade idealizadas pelos pedagogos iluministas, intrinsecamente atreladas às prospecções de felicidade, completude e bem comum subjacentes aos discursos edificantes que, desde os primórdios da modernidade, vêm conferindo ao território educacional *lato sensu* o selo de fortaleza inexpugnável.

Trata-se, então, de reconhecer, na irredutibilidade da demanda educacional corrente, a sagração (claudicante, no caso escolar, ou florescente, no caso das práticas não formais; tanto faz) do sonho moderno de ordenamento produtivo do mundo das coisas e

O PRESENTE EDUCACIONAL E AS TRANSFIGURAÇÕES DO *ÉTHOS* DOCENTE

dos homens. Uma verdade triunfante; um refrão sem contestação de nenhuma ordem; um aspirante sequioso à absolutização histórica.

Ora, o problema que se nos recoloca sem cessar é o da persistência incólume de um discurso apologético sobre o agir educacional, consubstanciado na retroalimentação de truísmos que, aqui e acolá, pregam a conversão de corações e de mentes a uma incansável e laboriosa decifração das verdades ocultas de si e do mundo; investida lastreada, por sua vez, pela ferrenha promessa de salvação dos homens e da história que nos ata uns aos outros, por meio da miragem decretada de um mundo novo, de uma sociedade cultivada, de um futuro prodigioso logo adiante. Bizarrices convencionadas por seu mero valor de uso, convenhamos. Veiga-Neto (2004, p. 81) assim sumariza tal expediente:

> *Se combinarmos* salvacionismo *com* prescritivismo *e* normativismo, *compreenderemos o messianismo do pensamento pedagógico contemporâneo, sempre à espera de uma nova e definitiva teoria, de uma nova ou definitiva fórmula, de um novo ou definitivo método que finalmente deem conta dos males deste mundo cavernoso.*

Mediante tal estado de coisas, na esteira do qual vulnerabilidade, voluntarismo e estagnação das ideias pedagógicas se confundem por completo, torna-se inadiável o cultivo de um olhar recalcitrante, seja no âmbito investigativo, seja na militância profissional, em relação ao que se nos passa quando se trata de educar; um olhar em alerta constante quanto aos múltiplos constrangimentos que o edifício educativo está desde sempre pronto a decretar a seus ocupantes; um olhar capaz, entretanto e em igual medida, de fecundar modos de pensar e de agir sempre em estado de dissolução e recomposição; um olhar, enfim, que nada almejasse senão diferenciação.

Ressalve-se: o que aqui está em jogo não é algo exatamente da exortação escatológica, mas o desconfinamento de nossa capacidade de estranhar, ponto a ponto, tudo o que se apregoa como requisito, fundamento ou condição para que o mundo e a vida aconteçam. Estes, decerto, os dispensam por completo.

E já que "tudo é intriga no nosso mundo sublunar", como ensina Paul Veyne (2009, p. 29), restar-nos-ia a tarefa ético-política de levar ao longe um gesto radicalmente crítico sobre nós próprios, por meio do qual se abrissem espaço e vazão não apenas para a algaravia de sentidos que se perfilam nas intermitências do acontecimento educacional, mas, sobretudo, para a gratuidade e a indeterminação que contornam a experiência ético-estética que aí pode tomar lugar, desde que crivada por uma disposição de esquiva das coerções todas que aí se aninham e, concomitantemente, pela coragem de um encontro desassombrado com o outro. Amizade, em suma.

# Capítulo IV

# A amizade intelectual: aproximações

# A amizade intelectual: aproximações

Debruçar-se sobre a multiplicidade de sentidos que caracteriza o presente educacional constitui um empreendimento pontilhado de riscos. O mais iminente deles é o de ceder à tentação, de todo ilusória, de descrevê-lo com tintas naturalistas, esquecendo-se de que os fenômenos aí em causa possuem origem e destinação inexoravelmente incertas, bem como de que a faculdade de divisar o imprevisto que a época nos oferece dá-se, na maioria das vezes, apenas por meio de enquadres interpretativos saturados.

Discorrer sobre o presente, nessas condições, seria celebrar como irredutíveis os discursos em circulação em nosso tempo, outorgando-lhes um estatuto de verdade de que eles decididamente não dispõem de antemão. Isso porque, como disse Veyne (2009, p. 19),

> {...} em cada época, os contemporâneos encontram-se assim fechados em discursos como em aquários falsamente transparentes, ignoram quais são e até que existe um aquário. As falsas generalidades e os discursos variam através do tempo; mas, em cada época, passam por verdadeiros. De tal modo que a verdade é reduzida a **dizer a verdade**, a falar conforme o que se admite ser verdade e que fará sorrir um século mais tarde (grifos do autor).

Se, por um lado, as paredes translúcidas que delimitam o campo de visão do observador externo não permitem vislumbrar o fato de que, para aquelas existências ali encerradas, as águas do tempo são sempre turvas, conquanto escassas e, por isso, gélidas, por outro lado, essas m :smas paredes não conseguem evitar com que alguns, a partir de um resoluto salto suicida para fora desse aquário, sejam capazes de mirá-lo momentaneamente em toda sua insólita, artificial e melancólica exuberância, antes de as nadadeiras em inútil agitação aérea serem tragadas de volta pelas águas em revulsão.

Arriscar-se a fazê-lo exige uma atitude limítrofe, já que feita de coragem, algum desapego e nada mais; uma atitude análoga à daquele que, segundo Giorgio Agamben (2009, p. 64), é contemporâneo ao seu tempo. Aquele que mantém fixo seu olhar no presente,

> {...} que percebe o escuro do seu tempo como algo que lhe concerne e não cessa de interpelá-lo, algo que, mais do que toda luz, dirige-se direta e singularmente a ele. Contemporâneo é aquele que recebe em pleno rosto o facho de trevas que provém do seu tempo.

Desse modo, ser contemporâneo significa ganhar uma distância estratégica em relação à luminosidade cegante dos discursos em voga, acolhendo a porção de sombra que lhe é imanente, de modo que sejamos capazes de operar pequenas rachaduras, curtos-circuitos discretos, breves pausas nos regimes de *veridicção* reinantes, estes que nos incitam a perpetuar não apenas aquilo que hoje somos, mas, sobretudo, as largas chances de insistirmos em ser quem sempre fomos.

Cumprir-nos-ia, então, colocar em suspensão temporária tudo o que julgamos conveniente, imprescindível ou inevitável no que concerne às práticas ocorridas em nome da educação dos viventes, obrigando-nos, assim, a atritar o claro/escuro de nossas vidas encerradas no aquário sombrio da conjuntura educacional – tomada como objeto nem de consternação, e muito menos de aclamação, mas como plataforma de propulsão para nossa vontade sem trégua de estranhar tudo aquilo que nos acossa, aloja-se e, por fim, pacifica-se em nós. Isso para que se torne possível, caso o queiramos, fazer começar tudo de novo, não como se fosse a primeira vez, mas, oxalá, como se não fosse a última. Novamente, com Agamben (2009, p. 59):

> *Um homem inteligente pode odiar o seu tempo, mas sabe, em todo caso, que lhe pertence irrevogavelmente, sabe que não pode fugir ao seu tempo. A contemporaneidade, portanto, é uma singular relação com o próprio tempo, que adere a este e, ao mesmo tempo, dele toma distâncias.*

Eis aqui o paradoxo que parece rondar todo aquele dobrado sobre o presente educacional, fustigado por seus rebatimentos tantos e todos os abismos que aí se insinuam: se, por um lado, é preciso guardar distância das estridências discursivas que delimitam o que pensamos, dizemos e fazemos quando se trata de abraçar a tarefa educacional, por outro, essa mesma lida, em sua potência seminal de encontro com a alteridade, pode muito bem constituir-se como ocasião privilegiada para a construção de paragens estilístico-existenciais menos acabrunhadas e, quiçá, mais intensas, virulentas, vitais – apenas um jogo, talvez, de montar e desmontar, de odiar e amar, de se perder e se reencontrar consigo mesmo, doravante completamente distinto do que se foi.

Habitar a indeterminação em vez de assistir à atrofia da vontade de experimentar. Inventar estilos em vez de restituir modos idos de existir. Aventurar-se em vez de se enraizar. Abrir-se à incessante novidade do mundo. Desencarcerar-se de si mesmo. Decompor-se na multiplicação. Honrar a brevidade da vida. Se assim for eleito o viver docente, três consequências ser-lhe-ão decorrentes.

A primeira: se atados ao aqui-agora das circunstâncias e à astúcia que elas demandam, nenhum ressentimento nos assombrará. Viver acompanhado de certo contentamento, sem a salvação do amanhã, nem o desperdício do ontem, significa habitar espaços estreitíssimos, mas infinitamente grávidos de mais vida.

A segunda: no fluxo contínuo dos acontecimentos, nenhuma sobredeterminação nos assolará, além daquelas advindas das próprias pautas do agir. Daí a questão-chave: de que modo um ato meu repercutiu no mundo ao redor? Dilatou-o? Contraiu-o? Ou foi-lhe indiferente?

A terceira: se orientada em direção à mais vida, a existência de um professor será atravessada por nenhuma tragicidade além daquela de sua finitude. Pelo fato mesmo de ser inapelavelmente breve, ela exige parcimônia, algum desapego e nenhum inflacionamento inútil, desde que se possa aferrar-se, no meio da tralha desimportante do dia a dia, àquilo a que se veio. E nada mais.

## 1. O desgoverno da liberdade

Ao pé de uma árvore em uma estrada que não chega a lugar nenhum, dois homens maltrapilhos esperam alguém que nunca chega. Esgotados pelo compasso da espera, eles resolvem enforcar-se. Como não dispõem de um meio apropriado para tal, põem-se a pensar em um modo de dar cabo da tarefa, entabulando o seguinte diálogo:

— *Você não tinha um pedaço de corda?*
— *Não.*
— *Então não podemos.*
— *Vamos embora.*
— *Espere, tem meu cinto.*
— *É curto demais.*
— *Você me puxa pelas pernas.*
— *E quem vai me puxar?*
— *É verdade* (BECKETT, 2005, p. 192).

Os dois vagabundos *beckettianos* sabem que possuem um ao outro, e isso é tudo o que seus ombros suportam. Entretanto, nada lhes parece faltar, entregues que estão à gratuidade da companhia recíproca. Nenhuma aflição, nenhuma incompletude os intercepta. Daí não temerem a morte, essa forma-limite da liberdade.

Mesmo assim, escolhem viver. E o fazem porque sabem que a ausência absoluta tanto de fundamento quanto de finalidade de suas vidas é uma das condições da potência de existir.

Eis aí um dos pontos altos de *Esperando Godot*, obra magistral de Samuel Beckett. Mostra de um modo de viver baseado no apego incondicional à liberdade e à amizade.

Uma questão torna-se indispensável àqueles que rumam ao enfrentamento dos processos de *governamentalização* sediados no território educacional: o embate com a própria noção de liberdade, aí em circulação.

Claudia Van der Horst e Mariano Narodowsky (1999) ponderam acertadamente que a educação contemporânea parece operar sobre os escombros do ideário pedagógico tradicional, este centrado na tarefa de diagnosticar e de corrigir as anomalias humanas, bem como, dependendo das circunstâncias, de eliminá-las. Agora, tratar-se-ia de uma pedagogia da multiplicidade, segundo a qual a intervenção escolar não mais se firmaria pelo conflito, mas pelo consenso; não mais pela imposição, mas pela participação; não mais pela exclusão, mas pela incorporação. Daí o veredicto de uma transmutação sensível no diagrama das relações de poder/saber e de subjetivação nas escolas.

Na contemporaneidade pedagógica, não se trataria de vigiar e punir a anormalidade, mas de convertê-la em diversidade biopolítica, por meio de uma espécie de inclusão preventiva da diferença (Veiga-Neto, 2001). Dito de outro modo, os fazeres escolares visariam não à segregação dos diferentes, mas à adesão voluntária de todos; não à coerção do disciplinamento, mas à cooptação do controle; não à contenção física dos corpos, mas à incitação da coletividade rumo a ideais consensuais. Donde uma educação intensamente *psicopedagogizante*, donatária de um projeto humanista de melhoramento das pessoas e das coisas. Educação que não mais se restringiria a remediar danos, mas que se voltaria à antevisão dos riscos, a fim de preveni-los. Estaríamos, assim, enredados em um complexo de estratégias cada vez mais difusas de (auto)controle da conduta, agora em suas dimensões mais recônditas, por meio da disseminação de uma pletora de comandos de teor autogestionário.

Trata-se precisamente do emprego de tecnologias de si orientadas por saberes psicologizantes, na acepção de Nikolas Rose (2001b, p. 140), o autor que se dedicou com argúcia à problematização das formas de governamento perpetradas pelos regimes do eu em operação na contemporaneidade. Ouçamo-lo mais uma vez:

> *Na vida política, no trabalho, nos arranjos domésticos e conjugais, no consumo, no mercado, na publicidade, na televisão e no cinema, no complexo jurídico e nas práticas da política, nos aparatos da medicina e da saúde, os seres humanos são interpelados, representados e influenciados como* **se fossem eus** *de um tipo particular: imbuídos de uma subjetividade individualizada, motivados por ansiedades e aspirações a respeito de sua autorrealização, comprometidos a encontrar suas verdadeiras identidades e a maximizar a autêntica expressão dessas identidades em seus estilos de vida. As imagens de liberdade e autonomia que inspiram nosso pensamento político operam, da mesma forma, em termos de uma imagem do ser humano que o vê como foco psicológico unificado de sua biografia, como o lócus de direitos e reivindicações legítimas, como um ator que busca "empresariar" sua vida e seu eu por meio de atos de vontade dos cidadãos* (grifos do autor).

Na trilha aberta por Rose, seria necessário reconhecer a existência de um complexo de ações operando a distância e em larga escala sobre os atos de vontade dos cidadãos.

Daí a imperiosa atenção à saturação intimizante da liberdade, esta funcionando como diapasão dos processos de *governamentalização* social. No caso educacional, a conclamação diuturna ao exercício de uma liberdade esclarecida e responsável apresentar-se-á como o efeito imediato da lógica emancipacionista que anima as práticas pedagógicas, por meio da associação entre conhecimento e verdade de si, esta baseada, por sua vez, no imperativo categórico de um eu supostamente autêntico, espontâneo, seminal, o qual viria à tona ao fim e ao cabo da intervenção educativa.

Nesse sentido, Sandra Mara Corazza e Tomaz Tadeu (2003, p. 11) delatam o espectro subjetivista (embalado por um manto de eficácia corretiva e, por extensão, de submissão livremente arbitrada) que parece tomar de assalto os discursos educacionais na atualidade, seja em sua tendência cientificista, seja em sua versão criticista, ambas imantadas a semelhante concepção fundacionista de sujeito da consciência.

> *Nenhuma das pedagogias modernas – das humanistas e tradicionais às construtivistas e liberais, passando pelas críticas e emancipatórias – subsistiria sem a noção de interioridade. O mito da interioridade é essencial aos diversos avatares do sujeito que povoam os territórios das pedagogias contemporâneas: o cidadão participante, a pessoa integral, o indivíduo crítico.*

A evocação constante de uma interioridade esotérica como fundamento da ação pedagógica e do despertar de uma consciência de si igualmente esotérica como sua finalidade (fixando, de contrapeso, os sujeitos em identidades predeterminadas pelos ditames da época) redundará em uma acirrada tutela *psicopedagogizante* desses mesmos sujeitos; tutela embalada, paradoxalmente, pelo refrão obstinado de ensiná-los a se atualizarem, a se desenvolverem, a superarem a si próprios, em direção a certo estado de bem-estar, felicidade ou, quando não, redenção.

Trata-se do esforço onipresente de edificação de um homem renovado, expandido, sempre mais consciente de si e, por essa razão, sempre mais capturado pelo reconhecimento de uma incompletude congênita; um homem marcado por um misto de voluntarismo e vulnerabilidade, culminando no desconcerto e na melancolia de jamais ser capaz de vir a ser o que é. Em suma, um homem cada vez mais (auto)governável porque cada vez mais poroso ao eterno recomeço de um trabalho normativo sisífico sobre si próprio – o que, sem hesitar, ele reputará como prerrogativa de usufruto de uma "sua" liberdade, confundida com a reivindicação da soberania de sua vontade individual. Novamente, Nikolas Rose (2001b, p. 194) desentranha analiticamente tal processo:

> {...} as técnicas contemporâneas de subjetivação operam por meio do agenciamento, em toda uma variedade de locais, de uma interminável hermenêutica e de uma relação subjetiva consigo mesmo: um constante e intenso autoexame, uma avaliação das experiências pessoais, das emoções e dos sentimentos em relação a imagens psicológicas de realização e autonomia.

É o apogeu do empresariamento de si, este tomado como um capital semelhante a outro qualquer. Empresariamento cujo objetivo principal será o emprego eficaz de uma liberdade intimizada e, no mesmo golpe, massificada. Liberdade customizada, não obstante ditada pelos chavões convergentes e reiterativos da ciência, do mercado, da mídia e, por fim, da educação. Liberdade frenética, vertiginosa e implacável, diante da qual muito pouco restaria além de, segundo Zygmunt Bauman (2005, p. 77), "seguir adiante, mas uma opção que não temos a liberdade de fazer é parar de nos movimentar. [...] Se você está esquiando sobre o gelo fino, a salvação está na velocidade". Liberdade refreada apenas pelo basta das vísceras, na designação certeira de Jurandir Freire Costa (1998). Liberdade profética, autossustentável e à disposição para consumo tão instantâneo quanto interminável, também nas salas de aula, nos gabinetes do *staff* escolar, nos currículos, nos espaços pedagógicos como um todo.

Disso decorre que, se a arena do sujeito livre é tanto a matéria-prima quanto o produto mais refinado dos processos de *governamentalização* correntes, é nessa mesma arena que as lutas ético-políticas principiariam, por meio do enfrentamento dos regimes de verdade que aí se aninham e pedem proliferação – sem pressupor que, com isso, se pudesse conquistar uma reconciliação do sujeito consigo mesmo; antes, um afastamento do que a restituição de uma suposta essencialidade, outrora liberta e agora aprisionada pelas circunstâncias. Daí o sujeito como forma instável e variante, e não uma substância idêntica a si mesma que exigiria ser desvelada para, então, ser (re)conquistada.

Ora, partindo da premissa de que "[...] nós somos todos não somente o alvo de um poder, mas também seu transmissor, ou o ponto de onde emana um certo poder" (FOUCAULT, 2006a, p. 95), defrontar-se com os jogos retóricos em torno da liberdade exige um esforço ético-estético tão dissonante quanto despudorado, tão intensivo quanto inusitado, sempre com vistas a uma aproximação desobstruída à capacidade tanto de resistir quanto de reinventar(-se) continuamente. Para tanto, é à problematização da colonização *psicopedagogizante* da liberdade, e não à sua defesa abstrata e genérica, que se deveria proceder analiticamente.

Segundo Edgardo Castro (2009, p. 246), "a noção foucaultiana de liberdade se situa, em primeiro lugar, no abandono desse mito humanista de uma essência do homem. A liberdade foucaultiana não é da ordem da liberação, mas da constituição".

Que não se imagine, portanto, que entre poder e liberdade se estabeleceria um nexo de antagonismo, o qual precisaria ser desbaratado a fim de que uma suposta anistia de nós e dos outros raiasse no horizonte. Longe disso. Emancipação de véspera aí não há. Trata-se, na contramão, de conceber a liberdade e sua insubmissão característica desde sempre aí, jogando incessantemente com o poder na própria superfície dos acontecimentos cotidianos.

Foucault (1995a, p. 244) é explícito ao propor uma apreensão das relações entre poder e liberdade segundo a qual o exercício do primeiro jamais implicaria a neutralização ou a supressão da segunda. Ao contrário, tratar-se-ia de um jogo de retroalimentação entre ambos. Assim,

*{...} a liberdade aparecerá como condição de existência do poder (ao mesmo tempo sua precondição, uma vez que é necessário que haja liberdade para que o poder se exerça, e também seu suporte permanente, uma vez que se ela se abstraísse inteiramente do poder que sobre ela se exerce, por isso mesmo desapareceria). {...} A relação de poder e a insubmissão da liberdade não podem, então, ser separadas.*

Se o alerta foucaultiano estiver correto, far-se-á imprescindível, no caso educacional, um reposicionamento cabal da questão da liberdade nesse âmbito, usualmente encurralada pela investida pastoral de assegurar as condições de emergência de um presumido progresso do homem – assim como o querem tanto as teorias pedagógicas ditas, não por acaso, progressistas, quanto aquelas desenvolvimentistas.

Em vez, portanto, de sonhar com a melhoria, o avanço ou a superação (via reformas ou revoluções, tanto faz) das rotinas e dos protocolos pedagógicos, tratar-se-ia de enfrentá-los sempre no limite da liberdade decretada por seus protagonistas, esta vetorizada pelas próprias relações concretas entre eles, e não necessária ou exclusivamente às suas margens. Uma experiência arriscada, decerto pontilhada por perigos, mas plenamente factível e da qual não se poderia abrir mão, sob pena de, com isso, dar vazão a outras forças intervenientes ainda mais implacáveis, porque incensadas por palavras de ordem de época e sua ingerência característica.

Dito de outro modo, a prática da liberdade no âmbito pedagógico sobreviria não a reboque da forja de relações de poder quimericamente isentas, assimétricas e afins, mas à custa de um modo de (auto)condução em íntima consonância e mútua

A AMIZADE INTELECTUAL: APROXIMAÇÕES

implicação com o ensejo menos de glorificar e mais de se apropriar criativamente do que nos foi legado a título de memória seletiva da humanidade ou de clarividência oriunda da consciência libertária de alguns; prática que, se exercida com afinco e algum entusiasmo, seria potente o bastante para interceptar os regimes de verdade usuais do campo pedagógico e, quiçá, transtorná-los, fazendo-os vergarem.

Contudo, é preciso ter em mente que o universo educacional oferece, na melhor hipótese, sua engenhosidade à crítica, jamais sua cumplicidade ou simpatia. Trata-se, pois, de estar sempre atento à admoestação de Veiga-Neto (2003a, p. 30-31), segundo a qual

> {...} a crítica implica uma analítica que não acusa nem lastima, uma vez que isso significaria pressupor, de antemão, uma verdade, um mundo melhor, em relação à qual e ao qual a análise se daria. Se quisermos um mundo melhor, teremos de inventá-lo, já sabendo que conforme vamos nos deslocando para ele, ele vai mudando de lugar.

Se assim ajuizada a prática da liberdade no perímetro educacional, abrir-se-ia a possibilidade de encarnarmos o ofício educativo como obra infinitamente aberta; um ofício comprimido, decerto, por quatro paredes seculares, mas igualmente sequioso pela intensificação das forças nômades que o obrigam a se deslocar rumo à eterna novidade que lhe é requisito.

Nesse caso, o ofício educativo ver-se-ia convertido em ocasião e abrigo de existências minoritárias, as quais não conhecerão "nem saciedade, nem desgosto, nem lassitude, nem declínio" (VEYNE, 2009, p. 50); existências materializadas em meio ao fogo cruzado entre poder e liberdade, precisamente no intervalo infinitesimal do encontro entre ideias e corpos turbulentos, destemperados, errantes; encontro sobre cuja superfície poder e liberdade irmanam-se, diferenciam-se e embatem-se sem cessar.

Liberdade disposta logo ali, feito uma epifania que se nos oferece sem reserva e sem alarde, mas não sem combate. Liberdade que, para vicejar, reclama não apenas uma atitude de fúria, mas um apreço inquebrantável à delicadeza, à inocência e, mais que tudo, à coragem afeitas ao pensar e ao agir diferentes – e, então, diferentes do diferente, indefinidamente.

Liberdade bruta, sinuosa, escarpada, mas também desarmada, exuberante, criança. Liberdade desgovernada, desesperançada, desgraçada. Liberdade livre, talvez.

## 2. A dignidade da amizade

No prefácio de *O anti-Édipo: capitalismo e esquizofrenia 1*, de 1972, obra inaugural da parceria Deleuze-Guattari, Foucault (2006b) dá a conhecer alguns princípios que definem um ponto de virada paradigmático não apenas para o território filosófico, mas também para toda e qualquer prática social, sobretudo quando elas almejarem alguma espécie de intervenção sobre outrem e a despeito das especificidades relacionais que estiverem em jogo.

À guisa de introdução a um viver não fascista, o pensador aponta uma série de precauções no que se refere ao exercício das relações de poder no cotidiano. Isso porque fascismo, para ele, não significa apenas aquele perpetrado por Hitler ou Mussolini, mas o que "está em nós todos, que martela nossos espíritos e nossas condutas cotidianas, o fascismo que nos faz amar o poder, desejar esta coisa que nos domina e nos explora" (p. 231). Fascismo cujas formas compreendem "desde aquelas, colossais, que nos rodeiam e nos esmagam até aquelas formas pequenas que fazem a amena tirania de nossas vidas cotidianas" (p. 233). Fascismo que opera no plano político, por exemplo, pelo monopólio dos "burocratas da revolução e os funcionários da verdade" (p. 231), e, no plano psíquico, pela tutela dos "lastimáveis técnicos do desejo" (p. 231); ambos adversários confessos de Deleuze-Guattari.

Foucault (2006b, p. 231) elege três questões cujas respostas, sem dúvida incertas, deveriam fazer eco entre nós:

> *Como fazer para não se tornar fascista mesmo quando (sobretudo quando) se acredita ser um militante revolucionário? Como liberar nosso discurso e nossos atos, nossos corações e nossos prazeres do fascismo? Como expulsar o fascismo que está incrustado em nosso comportamento?*

A seguir, Foucault sumariza as lições principais de Deleuze-Guattari, as quais abarcariam duplamente os planos político e ético: preferir a diferença e o nomadismo à uniformidade e ao sedentarismo; fazer germinar o agir, o sentir e o pensar por proliferação e disjunção, jamais por subdivisão ou hierarquização; abdicar do negativo em favor do múltiplo; livrar-se de toda forma de paranoia; desapegar-se da busca da verdade; desindividualizar a si e ao outro; cultivar a alegria revolucionária; enfim, não se deixar seduzir pelo poder.

Uma década e meia após *O anti-Édipo: capitalismo e esquizofrenia 1* ter vindo a público, Deleuze (1988) dedica ao amigo, já desaparecido, uma obra cujo título sintético, *Foucault*, era um gesto de distinção a um dos maiores intelectuais do século XX.

Em uma das entrevistas à época do lançamento de seu livro-homenagem, Deleuze relembra algo que afirma ter aprendido com o homem retratado naquelas páginas: a dignidade de não falar pelos outros, na esteira da eleição de um modo não universal/universalista de levar a cabo a tarefa intelectual, recusando-se a ocupar o lugar quer de porta-voz das massas, quer de diretor de consciência delas. O ponto de vista de Foucault (2004b, p. 249), nesse aspecto, é indiscutível:

> *A função de um intelectual não é dizer aos outros o que eles devem fazer. Com que direito o faria? {...} O trabalho de um intelectual não é moldar a vontade política dos outros; é, através das análises que faz nos campos que são os seus, o de interrogar novamente as evidências e os postulados, sacudir os hábitos, as maneiras de fazer e de pensar, dissipar as familiaridades aceitas, retomar a avaliação das regras e das instituições e, a partir dessa nova problematização (na qual ele desempenha seu trabalho específico de intelectual), participar da formação de uma vontade política (na qual ele tem seu papel de cidadão a desempenhar).*

A partir daí, o intelectual específico voltará sua atenção para práticas sempre particulares e, ao mesmo tempo, intensificadoras de lutas transversais e imediatas, agindo de tal modo que não apenas se fizesse preserch, mas também fomentar a heterogeneidade e a multiplicação de formas e modos de vida distintos dos seus – o que costuma ser solapado no reino das Ciências Humanas/Sociais por uma vontade de verdade sobre essências alheias, agora dissecadas, esquadrinhadas e categorizadas segundo uma métrica descritiva qualquer; indício também de uma vontade política duvidosa ou, no limite, fascista.

O problema que aqui se nos coloca é o seguinte: estaríamos aqueles ligados às Ciências Humanas/ Sociais e, em particular, à educação condenados a uma espécie de fascismo brando, consubstanciado em uma tutela de vocação universalista? Um modo de dizer do outro, pelo outro e, ademais, contra o outro, redundando em um apequenamento insidioso da existência alheia?

Um exemplo disso, no caso docente, é oferecido por George Steiner (2005). Segundo ele, há três tipos de mestres: os que arruínam os aprendizes, "subjugam seus espíritos, acabam com suas esperanças, aproveitam-se de sua dependência e de sua individualidade" (p. 12); e aqueles que, em contrapartida, são arruinados por seus alunos.

> A terceira categoria é a da troca, a de um eros de confiança recíproca e, de fato, de amor ("o discípulo amoroso" da Última Ceia). Por um processo de interação, de osmose, o mestre aprende com seu discípulo enquanto lhe ensina. A intensidade do diálogo gera a amizade em seu mais elevado sentido (p. 12).

Como alçar esse estado de "osmose" de que fala Steiner, caso isso fosse possível ou desejável? Antes, ainda: como não ser subjugado pelo mestre? Como não ser arruinado por ele, nem arruiná-lo?

Em uma breve passagem, Foucault (2004a, p. 285) expressa seu ponto de vista sobre a economia do domínio pedagógico, apontando o risco de dominação aí contingente.

> *Não vejo onde está o mal na prática de alguém que, em um dado jogo de verdade, sabendo mais do que um outro, lhe diz o que é preciso fazer, ensina-lhe, transmite-lhe um saber, comunica-lhe técnicas; o problema é de preferência saber como será possível evitar nessas práticas – nas quais o poder não pode deixar de ser exercido e não é ruim em si mesmo – os efeitos de dominação que farão com que um garoto seja submetido à autoridade arbitrária e inútil de um professor primário; um estudante, à tutela de um professor autoritário etc.*

A mirada do pensador remete imediatamente às condições de possibilidade de uma existência ética no território educativo, compreendida como o empenho obstinado em favor de modos potentes de viver/conviver ou, *mutatis mutandis*, como lócus de um jogo vital baseado em um "mínimo possível de dominação" (FOUCAULT, 2004a, p. 284).

A ética, em Foucault, consistiria propriamente em um conjunto de regras facultativas empregadas para avaliar o que se diz e o que se faz em razão do modo de vida aí implicado (sem imperativos categóricos, portanto), ao passo que a moral remeteria ao conjunto de regras coercitivas baseadas em julgamentos atrelados a valores transcendentes. Assim perspectivada, uma posição ética diante do mundo implicaria conduzir-se tendo em mente o fato de que

> *este tipo de reflexão sobre si nunca surge desligado, como sabemos, de um certo questionamento e debate sobre o que*

*somos. Há uma "dinâmica" ética que se mantém irredutível perante os hábitos e as normas que recebemos através da educação ou das instituições* (DELRUELLE, 2009, p. 16).

Ocupação de monta, esculpir uma existência entusiasta da exploração de novas paisagens ético-políticas exige um trabalho permanente de resistência atrelado ao exercício igualmente perene da (auto)criação: de um lado, a recusa a modos de viver atados aos diagramas históricos de poder-saber-subjetivação que tiveram no terreno educacional não apenas uma guarida, mas um braço forte; de outro, a invenção de modos intensivos de viver, a tal ponto que se tornasse possível "nos desvincular de nós mesmos, tornando nossas teorias incertas, nossa política problemática e a nós mesmos indeterminados" (DEACON; PARKER, 1998, p. 150).

Daí a tarefa imanente a qualquer tipo de intervenção educativa que não se pretenda fascista: a prontidão à experiência de um encontro com uma alteridade sempre movente e, portanto, em estado de recomposição constante; encontro compreendido não como militância de uma causa transcendente qualquer, mas como prática intensificadora de uma arte geral do convívio marcada por nenhuma volúpia *governamentalizadora* e alguma porosidade à indeterminação que esse tipo de acontecimento possa nos provocar, ou ao que quer que a alteridade nos afete e nos faça deslocar. Uma arte geral do encontro baseada em uma ética da amizade, enfim.

Tema caro a uma série de filósofos de destaque, de Platão e Aristóteles a Nietzsche e Schopenhauer

(BALDINI, 2000), a amizade desponta, no universo das ideias foucaultianas, como uma das práticas sociais mais singulares.

Nomeadamente, a novidade da ética da amizade em Foucault (um de seus projetos teóricos inacabados, aliás) reside no fato de que ela insurgiria como uma reação à pauperização do tecido relacional operada por processos de subjetivação obstinados com o controle e a eficácia gestionária das existências individuais, redundando em um "mundo legal, social, institucional no qual as únicas relações possíveis são muito pouco numerosas, extremamente esquematizadas, extremamente pobres" (FOUCAULT, 2004c, p. 120).

Tratar-se-ia então, para Foucault (1995a, p. 239), de "[...] nos liberarmos tanto do Estado quando do tipo de individualização que a ele se liga. Temos que promover novas formas de subjetividade através da recusa deste tipo de individualidade que nos foi imposto há vários séculos".

Se assim perspectivado e efetuado o trabalho de uma vida, só nos restaria concordar com Italo Calvino (1990b, p. 138) quando afirma que "cada vida é uma enciclopédia, uma biblioteca, um inventário de objetos, uma amostragem de estilos, onde tudo pode ser continuamente remexido e reordenado de todas as maneiras possíveis". Para tanto, será necessária a companhia intensiva do outro.

Prática geralmente subsumida ao registro da fraternidade cristã, a amizade, em Foucault, em nada se assemelha a uma experiência de ressonância, de espelhamento ou de prolongamento subjetivos, a qual operaria no foro privado, das afinidades eletivas tão somente. Ao contrário, ela seria o ponto exato de encontro íntimo com uma exterioridade desconhecida, sempre espessa, às vezes inóspita, visto que "o essencial de uma amizade, seu destino, depende dessa exterioridade, pois não pertence nem a um nem a outro dos amigos. A amizade sempre está 'entre'" (CARDOSO JR.; NALDINHO, 2009, p. 54).

Os amigos despontam, então, como peças de um jogo existencial desarmônico e imprevisível; peças que não se coadunam, que não se complementam, nem sequer se reconhecem, mas que se descobrem capazes apenas de afetar e de se deixar afetar. Forças que se incitam reciprocamente, coabitando por um intervalo variável de tempo, às vezes instantâneo, às vezes não. Ao fazê-lo, possibilitam que o jogo da vida se desdobre em suas infinitas e, quiçá, inéditas partidas. Nesse sentido,

> em uma rede de amizades não se está imerso em um mar de condescendências e afabilidades incondicionais. Escuta-se, confessa-se, aceita-se, apazigua-se das inquietudes, mas também espera-se rigor, severidade, seriedade no discurso sobre o outro. E é justamente aí que se encerra o caráter político e transgressor das relações de amizade (LOPONTE, 2009, p. 931).

Por meio da amizade (experiência forjada sob o signo da diferença e da variação), tornar-se-ia possível "transcender o marco da autoelaboração individual para se colocar numa dimensão coletiva. A amizade supera a tensão entre o indivíduo e a sociedade mediante a criação de um espaço intersticial" (ORTEGA, 1999, p. 171).

Condição política para o exercício da liberdade, bem como um dos suportes concretos de estetização da própria vida, a amizade seria responsável pela invenção de novas formas de relacionamentos que não tivessem familiaridade com nenhum daqueles que já conhecemos, todos eles solapados, em maior ou menor medida, pelos diagramas de poder-saber--subjetivação em ação no tecido social, incluindo as relações amorosas, sexuais, familiares etc. – e também a relação professor-aluno.

Nesse diapasão, Jurandir Freire Costa imagina um mundo totalmente renovado no que se refere às relações entre os homens. Um mundo em que novas redes interativas, inspiradas na *philia*, na *amicitia* e na *comunitas* antigas, bem como nos ideais das comunidades anarquistas e socialistas ou nos experimentos da contracultura dos anos 1960-1970, viessem à tona; rede de relações marcadas não por um ensejo de reedição de um tempo ido, mas de invenção do porvir, do qual derivaria, em seus termos, certo reencantamento do mundo. Continua Costa (1998, p. 118),

> *na esfera pública ou no que quer que venha ocupar seu lugar, poderemos, por exemplo, falar do partido dos corteses, dos leais, dos holistas, dos impermanentes e dos permanentes; na vida privada poderemos dizer que temos um filho schubertiano, uma amiga mozartiana, uma amante schumanniana, um pai kandinskyano, um irmão flaubertiano, um amigo que passa por um momento mahleriano, um professor machadiano, um aluno lispectoriano e uma irmã que é o que não tem nome e quer ser o que ainda não existe mas cuja existência será possível pois só depende da palavra para existir.*

Existências também e eternamente sem nome, sem identidade e sem referência de nenhuma ordem. Não é preciso, no entanto, muito esforço para imaginá-las, já que elas estão por aí, perambulando pelas frestas do presente, emprestando sua existência frágil, instável e multiforme a um mundo que luta por existir.

## 3. A amizade como princípio da ação docente

O velho professor de Literatura ordena que seus alunos, futuros professores, guardem suas anotações. Pede então um cigarro e o acende. Senta-se sobre uma das carteiras, quer fazer-se ouvir pela última vez:

> *Se algum de vocês acredita em verdades reveladas, em dogmas religiosos ou em doutrinas políticas, seria indicado dedicar-se a pregar num templo ou numa tribuna. Se, por desgraça, seguirem a profissão, tratem de deixar as superstições no corredor antes de entrar em aula. Não obriguem seus alunos a estudar de memória. Isso não serve. O que se impõe pela força é recusado e em pouco tempo se esquece. Coloquem-se como meta ensiná-los a pensar, que duvidem, que se façam perguntas.*

Título original: *Lugares comunes.* Direção: Adolfo Aristarain. Argentina/Espanha, 2002.

Assim o protagonista de *Lugares comuns* oferta sua derradeira lição. Obrigado a se aposentar, encerra seu percurso profissional com um apelo à classe:

> *Há uma missão, ou um mandato, que quero que cumpram. Uma missão que ninguém lhes encomendou, mas que espero que vocês, como professores, se imponham a si próprios. Despertem em seus alunos a dor da lucidez. Sem limites. Sem piedade.*

O ultimato do velho professor é um soco no estômago até dos professores que se creem suando a camisa pela educação. Quem, em sala de aula, ainda ousa despertar a "dor da lucidez" de pensar? Quem, frente a frente com as novas gerações, ainda se devota a duvidar das coisas do mundo? Raros, decerto.

É certo que os poucos professores que ainda restam veem-se cada vez mais acuados contra a parede: a parede de concreto de uma tal "afetividade pedagógica". Para conservar seus postos de trabalho, têm de sobreviver a um sem-número de *slogans* duvidosos que grassam no cotidiano escolar, os quais pregam como as novas gerações deveriam ser tratadas à base da tolerância e do carinho – eufemismo para vistas grossas, enfim. *Slogans* de mau-gosto, acéfalos, fraudulentos. *Slogans* que a nada visam além do entorpecimento do interlocutor, investindo pesadamente em uma abstenção fleumática dos agentes educacionais diante de um mundo público em farrapos que sua própria subtração ajudou a multiplicar. O resultado: disseminação da apatia coletiva, consubstanciada em impostura educativa.

A propósito, Foucault (1967, p. 35) é implacável ao perspectivar tal cenário, a seu tempo: "Nosso sistema de educação data do século XIX e vemos ainda reinar nele a psicologia mais insípida, o humanismo mais obsoleto, as categorias do gosto, do coração humano..."

Contra isso, ergue-se uma antítese cabal: a amizade intelectual. Trata-se da atitude daqueles professores que não desejam nem fomentam nenhuma admiração pessoal, nenhum compartilhamento de intimidades, nenhuma sedução para agradar o alunado.

São rigorosos, mal-humorados até, exatamente porque não negociam com seu posto laboral. Por isso, pagam um alto preço por suas escolhas: apenas alguns alunos os compreenderão mais tarde, quando já não estiverem mais por perto.

Inconformistas por excelência, nutrem-se de gestos errantes, recusando-se a entrar no jogo farsesco de uma educação redentora para as massas incautas, já que tomam o existir como expansão súbita e os parceiros como enigma. Querem apenas observar o fluxo contínuo dos acontecimentos da sala de aula e neles garimpar algum sentido para as intermitências da vida que ali se perfilam em desalinho.

Para tanto, será preciso, de quando em quando, tomar distanciamento das coisas, contemplar o entorno e seus personagens, deslindar a espessura da paisagem. E o que lá se verá?

De um lado, alguém eivado pela impiedade do tempo, inquilino de um lugar sempre em obras e já em destroços, lugar forjado no intervalo preciso entre o monocórdio sonho pedagógico e o vazio aterrador das salas de aula. Do outro lado, uma massa de corpos jovens, composta de olhares, hábitos e decibéis irascíveis: matéria-prima que não envelhece, perpetuando-se ano após ano, turma após turma.

Dispõem eles, os alunos, de uma força reativa descomunal, é certo. De modo compulsivamente idêntico, geração após geração, eles chegam ávidos de se embaterem com o mais velho, tomando-o como bicho excêntrico que será preciso domesticar a todo custo, às vezes exterminá-lo. O animal acuado lutará por alguma sobrevida, e, com algum sucesso, certa dignidade discreta ser-lhe-á concedida.

Se quiser usufruir a brevíssima janela de oportunidade que se lhe abre, o bicho-professor terá de se embrenhar no breu do encontro com uma massa de corpos arredios à espera de pouco, quase nada. Digladiar sem trégua contra a vacuidade ético-política das salas de aula tornar-se-á, para ele, uma questão de vida ou morte. E nada poderá esperar dos parceiros, já que se trata de uma entrega inútil e despropositada, a fundo perdido. Cumplicidade intermitente apenas, na melhor hipótese.

Por se tratar de um posto em reconstrução permanente, a tentação ao ensimesmamento é, no entanto, enorme; ensimesmamento requalificado, por sua vez, em conservação identitária e, por isso, infenso a toda forma de transmutação. Um lugar sob a mira da *Cila* da repetição e da *Caríbdis* da obsolescência: as duas emboscadas que aguardam o errante nos estreitos da sala de aula.

Daí o caráter tão voluptuoso quanto trágico de uma vida docente, porque sempre em estado de calamidade ou iminente capitulação, em relação às quais só parece haver uma saída: o inquebrantável desassossego convertido em coragem de mudar. Eis aqui a medida única da força de um professor.

Por essa razão, trata-se de uma das únicas profissões em que não há recolhimento. O ciclo nunca se fecha, o gesto professoral reinaugura-se sem cessar. Senão, docência não houve. Prática visceral, ensinar dispensa toda forma de melancolia em relação ao que se foi ou de euforia acerca do que virá, postando-se estrategicamente apenas sobre aquilo que, no intervalo do instante, se é. Uma existência no fio da navalha, portanto e sempre.

Esses poucos professores encarnam o ofício no limite da vulnerabilidade que lhes é inerente, e vão angariando, no passo arrastado dos dias, algum sentido instável para suas vidas solitárias, desgarradas, incertas. Porque desabituados à penúria deste mundo, recusam-se a se alimentar das migalhas que a época sovinamente lhes oferece.

Para eles, a engrenagem do mundo é movida a gestos intempestivos. Por isso, sonham com realidades inéditas e disformes, à espera de quem, na companhia deles, tenha coragem suficiente para moldá-las com as próprias mãos. Sua estratégia, quando em posse da voz, é tão somente a da severidade crítica, pelo que são acusados de radicais, destemperados, inconsequentes às vezes. Provocadores incorrigíveis, debatem-se sem trégua contra a inapetência cognitiva reinante, mas nada almejam além da prerrogativa do livre pensar. Amizade intelectual é tudo o que oferecem a seus interlocutores.

Artistas, a rigor, não da ribalta, mas da fome, tais professores terão de se haver com espaços vazios, surdos-mudos, infinitamente brancos: a aula como gesto fronteiriço entre violência e celebração. Um ato feito a navalhadas, enfim.

Com eles, aprendemos que só pode haver educação onde houver gerações em confronto. De um lado, o mais velho lutando para impor um olhar voltado para o passado, um olhar vagaroso e atento aos detalhes do mundo que nos rodeiam e se entranham em nós. De outro, o mais jovem lutando com todas as forças para não deixar macular seu olhar inaugural e apaixonado sobre a vida, um olhar quase sempre plasmado no presente e suas urgências.

Dessa mútua incompreensão, nasce lentamente o germe da amizade intelectual: uma atitude que em nada se assemelha ao comungar, ao aquiescer ou ao dialogar, mas antes ao constranger, ao rivalizar, ao guerrear – sempre em nome de determinadas ideias que mereceriam durar no mundo quando dele já tivermos desertado. Uma atitude de interpelação constante, sem limites, sem piedade. A atitude de um professor.

Desta feita, o gesto docente que merecer seu nome exigirá um esforço desmedido de autoexposição e de disponibilidade para um encontro desarmado com o outro. Senão, a experiência pedagógica vê-se transformar rapidamente em fetiche comunicacional ou, tanto pior, passatempo informativo, atingindo, desse modo, seus estertores ético-políticos.

Toda sala de aula que se prestar a produzir alguma espécie de expansão existencial recíproca se confundirá, em alguma medida, com um laboratório de retrogeração de um domínio particular de pensamento, o que pressupõe, em igual medida, um altar de imolação daquele que por ele é responsável. Há de fenecer aqui para germinar acolá.

Nessa perspectiva, não é com Michel Foucault (parceiro inseparável de nossa jornada de pensamento), mas com Jacques Derrida (2004) que encerramos nossos trabalhos.

Em uma passagem memorável, ao ser entrevistado por Elisabeth Roudinesco, ele destaca uma espécie de traço geral que teria caracterizado seu trabalho e, por extensão, sua obra: a atitude atenta de um herdeiro. Derrida refere-se a um modo de endereçamento fiel e, ao mesmo tempo, infiel àqueles que o antecederam e que se tornaram objeto de diálogo e, não raras vezes, de contestação para ele. Foucault foi um deles, aliás.

Diz o pensador franco-argelino que a tarefa principal do pensamento (a qual, a nosso ver, contemplaria qualquer professor em qualquer quadrante e, em certa medida, em quaisquer condições fáticas) pressupõe portarmo-nos como sujeitos livres mediante a herança, a qual nos precede e que, a rigor, não nos é possível escolher, senão a ela se vincular de modo ativo e autônomo. Isso porque

> *{...} essa mesma herança ordena, para salvar a vida (em seu tempo finito), que se reinterprete, critique, desloque, isto é, que se intervenha ativamente para que tenha lugar uma transformação digna desse nome: para que alguma coisa aconteça, um acontecimento, da história, do imprevisível "por vir"* (p. 13).

Para que a vida se mantenha em movimento (não importa em qual direção), caberia aos contemporâneos uma atitude nem de rechaço, nem de submissão contemplativa da matéria constituída, não obstante fragmentária, turva e indócil, que chega até nós, mas, exatamente, a escolha de preservá-la viva por intermédio de sua permanente reconstituição. Tratar-se-ia, portanto, de reinserir tal matéria no jogo ininterrupto e instável do tempo, a fim de que ela não fosse condenada à elisão do esquecimento. Em suma, cumprir-nos-ia deixar para os que virão aquilo que, não obstante inteiramente reconstituído por nós, já nos havia sido deixado pelos que se foram. Amizade intelectual, mais uma vez.

> *Ela {a herança} ordena dois gestos ao mesmo tempo: deixar a vida viva, fazer reviver, saudar a vida, "deixar*

> *viver", no sentido mais poético daquilo que, infelizmente, foi transformado em* slogan. *Saber "deixar", e o que significa "deixar" é uma das coisas mais belas, mais arriscadas, mais necessárias que conheço. Muito próxima do abandono, do dom e do perdão* (p. 13).

Deixar.

Deixar passar.

Deixar tremer.

Deixar transbordar.

Deixar viver.

E, se assim o for:

Não adornar. Não aparar. Não esterilizar. Não interromper.

Não retratar. Não imitar. Não acossar. Não repetir.

Não adocicar. Não amargar. Não depurar. Não arrefecer.

Não validar. Não invalidar. Não ajuizar. Não reduzir.

Não predar. Não talhar. Não abreviar. Não envelhecer.

Não adular. Não detratar. Não apequenar. Não impedir.

Não confessar. Não lamentar. Não estorvar. Não caber.

Não outorgar. Não reivindicar. Não rastejar. Não servir.

Não guardar. Não esperar. Não descansar. Não saber.

Não valer.

Não sofrer.

Não morrer. Ou não.

# Referências

# Referências

AGAMBEN, Giorgio. *O que é o contemporâneo?* E outros ensaios. Chapecó: Argos, 2009.

AQUINO, Julio Groppa. *Docência, poder e liberdade*: dos processos de governamentalização à potência de existir nas escolas. Tese (Livre-docência) – Faculdade de Educação, Universidade de São Paulo, São Paulo, 2009.

ARENDT, Hannah. *Entre o passado e o futuro.* 3. ed. São Paulo: Perspectiva, 1992.

AZANHA, José Mário Pires. *Educação*: alguns escritos. São Paulo: Editora Nacional, 1987.

BALDINI, Massimo (Org.). *Amizade & filósofos.* Bauru: Edusc, 2000.

BARRERE, Anne; MARTUCCELLI, Danilo. A escola entre a agonia moral e a renovação ética. *Educação & Sociedade*, ano XXII, n.76, p. 258-277, out. 2001.

BARTHES, Roland. *O rumor da língua.* 2. ed. São Paulo: Martins Fontes, 2004.

BAUMAN, Zygmunt. *Identidade.* Rio de Janeiro: Jorge Zahar Editor, 2005.

_____. *O mal-estar da pós-modernidade.* Rio de Janeiro: Jorge Zahar Editor, 1998.

BECKETT, Samuel. *Esperando Godot.* São Paulo: Cosac Naify, 2005.

BÉGAUDEAU, François. *Entre os muros da escola*. São Paulo: Martins Fontes, 2009.

BOBBIO, Norberto *et al. Dicionário de política*. Brasília, DF: UnB, 1986.

BOHOSLAVSKY, Rodolfo H. A psicopatologia do vínculo professor-aluno: o professor como agente socializante. In: PATTO, Maria Helena de Souza (Org.). *Introdução à psicologia escolar*. São Paulo: T. A. Queiroz, 1981. p. 320-341.

BOURDIEU, Pierre (Coord.). *A miséria do mundo*. Petrópolis: Vozes, 1997.

CALVINO, Italo. *As cidades invisíveis*. São Paulo: Companhia das Letras, 1990a.

_____. *Seis propostas para o próximo milênio*: lições americanas. 3. ed. São Paulo: Companhia das Letras, 1990b.

CANÁRIO, Rui. *A escola tem futuro?* Das promessas às incertezas. Porto Alegre: Artmed, 2006.

CARDOSO JR., Hélio Rebello; NALDINHO, Thiago Canonenco. A amizade para Foucault: resistências criativas face ao biopoder. *Fractal, Revista de Psicologia (UFF)*, Niterói, v. 21, n. 1, p. 43-56, 2009.

CARNOY, Martin. *A vantagem acadêmica de Cuba*: por que seus alunos vão melhor na escola? Rio de Janeiro: Ediouro, 2009.

_____; GOVE, Amber K.; MARSHALL, Jeffery H. As razões das diferenças de desempenho acadêmico na

América Latina: dados qualitativos do Brasil, Chile e Cuba. *Revista Brasileira de Estudos Pedagógicos,* Brasília, DF, v. 84, n. 206/207/208, p. 7-33, 2003.

CASAMAYOR, Gregorio. Reivindicação do pacto e outros "conchavos". In: ANTÚNEZ, Serafín *et al. Disciplina e convivência na instituição escolar.* Porto Alegre: Artmed, 2002. p. 21-27.

CASTRO, Edgardo. *Vocabulário de Foucault:* um percurso pelos seus temas, conceitos e autores. Trad. Ingrid Müller Xavier. Belo Horizonte: Autêntica, 2009.

CHAMLIAN, Helena C. Anotações sobre a questão da disciplina na escola. *Cadernos de História e Filosofia da Educação,* Brasília, DF, v. 3, n. 5, p. 127-147, 2000.

CHARLOT, Bernard. A violência na escola: como os sociólogos franceses abordam essa questão. *Sociologias,* Porto Alegre, ano 4, n. 8, p. 432-443, 2002.

CHAUI, Marilena de Souza. Ideologia e educação. *Educação & sociedade,* São Paulo, Cortez Editora/Autores Associados, n. 5, p. 24-40, 1980.

_____. O que é ser educador hoje? Da arte à ciência: a morte do educador. In: BRANDÃO, Carlos Rodrigues (Org.). *O educador:* vida e morte. 9. ed. Rio de Janeiro: Graal, 1989. p. 51-70.

CONY, Carlos Heitor. *Quase memória:* quase romance. São Paulo: Companhia das Letras, 1995.

CORAZZA, Sandra Mara; TADEU, Tomaz. *Composições.* Belo Horizonte: Autêntica, 2003.

COSTA, Jurandir Freire. Não mais, não ainda: a palavra na democracia e na psicanálise. *Revista USP*, São Paulo, n. 37, p. 108-120, 1998.

_____. O último dom da vida. *Folha de S.Paulo*, São Paulo, 28 abr. 2002. Caderno Mais!, Seção Brasil, p. 3.

D'ANTOLA, Arlette (Org.). *Disciplina na escola*: autoridade *versus* autoritarismo. São Paulo: EPU, 1989.

DAVIS, Cláudia; LUNA, Sérgio. A questão da autoridade na educação. *Cadernos de Pesquisa*, São Paulo, n.76, p. 65--70, 1991.

DEACON, Roger; PARKER, Ben. Escolarização dos cidadãos ou civilização da sociedade? In: SILVA, Luiz Heron da (Org.). *A escola cidadã no contexto da globalização*. 2. ed. Petrópolis: Vozes, 1998. p. 138-153.

DELEUZE, Gilles. *Conversações*, 1972-1990. Trad. Peter Pàl Pelbart. São Paulo: Editora 34, 1992.

_____. *Foucault*. São Paulo: Brasiliense, 1988.

DELORS, Jacques. Os quatro pilares da educação. In: _____ (Coord.). *Educação*: um tesouro a descobrir. São Paulo: Cortez Editora, 1996. p. 89-102.

DELRUELLE, Edouard. *Metamorfoses do sujeito*: a ética filosófica de Sócrates a Foucault. Trad. Susana Silva. Lisboa: Instituto Piaget, 2009.

DERRIDA, Jacques; ROUDINESCO, Elisabeth. *De que amanhã...* diálogo. Rio de Janeiro: Jorge Zahar Editor, 2004.

DUBET, François. A formação dos indivíduos: a desinstitucionalização. *Contemporaneidade e Educação*, São Paulo, v. 3, p. 27-33, 1998.

DUBET, François. Mutações cruzadas: a cidadania e a escola. *Revista Brasileira de Educação*, Rio de Janeiro, v. 16, n. 47, p. 289-305, maio-ago. 2011.

_____. *O que é uma escola justa?* A escola das oportunidades. São Paulo: Cortez Editora, 2008.

ESTRELA, Maria Teresa. *Relação pedagógica, disciplina e indisciplina na aula.* Porto: Porto Editora, 1992.

FIMYAR, Olena. Governamentalidade como ferramenta conceitual na pesquisa de políticas educacionais. *Educação & Realidade,* Porto Alegre, v. 34, n. 2, p. 35-56, 2009.

FOUCAULT, Michel. A ética do cuidado de si como prática da liberdade. In: _____. *Ética, sexualidade, política.* Rio de Janeiro: Forense Universitária, 2004a. p. 264-287. (Ditos e escritos V).

_____. *A verdade e as formas jurídicas.* Trad. Roberto Machado e Eduardo Jardim Morais. Rio de Janeiro: Nau, 1996.

_____. Entrevista de Michel Foucault à *Quinzaine Littéraire.* In: COELHO, Eduardo Prado (Coord.). *Estruturalismo*: antologia de textos teóricos. Trad. Maria Eduarda Reis Colares, António Ramos Rosa e Eduardo Prado Coelho. Lisboa: Portugália, 1967. p. 29-36.

_____. Eu sou um pirotécnico. In: POL-DROIT, Roger. *Michel Foucault,* entrevistas. São Paulo: Graal, 2006a. p. 67-100.

FOUCAULT, Michel. Introdução à vida não fascista. *Revista Comunicação & Política*, Rio de Janeiro, v. 24, n. 2, p. 229-233, 2006b.

_____. *Microfísica do poder.* Trad. Lígia M. P. Vassalo. Rio de Janeiro: Graal, 1979.

# Referências

FOUCAULT, Michel. O cuidado com a verdade. In: _____. *Ética, sexualidade, política*. Rio de Janeiro: Forense Universitária, 2004b. p. 240-251. (Ditos e escritos V).

_____. O sujeito e o poder. In: DREYFUS, Hubert; RABINOW, Paul. *Michel Foucault*, uma trajetória filosófica: para além do estruturalismo e da hermenêutica. Rio de Janeiro: Forense Universitária, 1995a. p. 231-249.

_____. O triunfo social do prazer sexual: uma conversação com Michel Foucault. In: _____. *Ética, sexualidade, política*. Rio de Janeiro: Forense Universitária, 2004c. p. 119-125. (Ditos e escritos V).

_____. *Segurança, território, população*. São Paulo: Martins Fontes, 2008.

_____. Sobre a genealogia da ética: uma revisão do trabalho. In: DREYFUS, Hubert; RABINOW, Paul. *Michel Foucault*, uma trajetória filosófica. Rio de Janeiro: Forense Universitária, 1995b. p. 253-278.

_____. Tecnologias de si. *Verve*, São Paulo, n. 6, p. 321--360, 2004d.

_____. *Vigiar e punir*: o nascimento da prisão. Trad. Raquel Ramalhete. Petrópolis: Vozes, 1987.

FRANCO, Luiz Antonio Carvalho. A disciplina na escola. *Ande*, São Paulo, v. 11, p. 62-67, 1986.

FUKUI, Lia. Segurança nas escolas. In: ZALUAR, Alba (Org.). *Violência e educação*. São Paulo: Livros do Tatu/ Cortez Editora, 1992. p. 103-124.

FUNES, Jaume. Descontrole ou revolta? Os educadores, os alunos e as incompatibilidades mútuas. In: ANTÚNEZ,

Serafín *et al. Disciplina e convivência na instituição escolar.* Porto Alegre: Artmed, 2002. p. 15-20.

GUIMARÃES, Áurea Maria. Indisciplina e violência: a ambiguidade dos conflitos na escola. In: AQUINO, Julio Groppa (Org.). *Indisciplina na escola*: alternativas teóricas e práticas. São Paulo: Summus, 1996. p. 73-82.

LARROSA, Jorge. Tecnologias do eu e educação. In: SILVA, Tomaz Tadeu da (Org.). *O sujeito da educação*: estudos foucaultianos. Petrópolis: Vozes, 1994. p. 35-86.

LIPOVETSKY, Gilles. *A era do vazio*: ensaios sobre o individualismo contemporâneo. Barueri: Manole, 2005.

LOPONTE, Luciana Gruppelli. Amizades: o doce sabor dos outros na docência. *Cadernos de Pesquisa*, São Paulo, v. 39, n. 138, p. 919-938, set.-dez. 2009.

MICHAUD, Yves. *A violência*. Trad. L. Garcia. Paulo: Ática, 1989.

NÓVOA, António. *Professores*: imagens do futuro presente. Lisboa: Educa, 2009.

Ó, Jorge Ramos do. A governamentalidade e a história da escola moderna: outras conexões investigativas. *Educação & Realidade*, Porto Alegre, v. 34, n. 2, p. 97-117, maio-ago. 2009.

_____. Notas sobre Foucault e a governamentalidade. In: FALCÃO, Luis Felipe; SOUZA, Pedro de (Orgs.). *Michel Foucault*: perspectivas. Florianópolis: Achiamé, 2005. p. 15-39.

ORTEGA, Francisco. *Amizade e estética da existência em Foucault*. Rio de Janeiro: Graal, 1999.

PESQUISA DIEESE/APEOESP. *Violência nas escolas*: uma visão dos delegados da Apeoesp. 2007. Disponível em: <http://www.apeoesp.org.br/hotsite/ observatorio>. Acesso em: 1º mar. 2008.

PERRENOUD, Philippe *et al. A escola de A a Z*: 26 maneiras de repensar a educação. Porto Alegre: Artmed, 2005.

POPKEWITZ, Thomas S. *Lutando em defesa da alma*: a política do ensino e a construção do professor. Porto Alegre: Artmed, 2001.

_____. Reforma, conhecimento pedagógico e administração social da individualidade: a educação escolar como efeito do poder. In: IMBERNÓN, Francisco (Org.). *A educação no século XXI*: os desafios do futuro imediato. 2. ed. Porto Alegre: Artmed, 2000. p. 141-169.

PORCHEDDU, Alba. Zygmunt Bauman: entrevista sobre a educação. Desafios pedagógicos e modernidade líquida. *Cadernos de Pesquisa*, São Paulo, v. 39, n. 137, p. 661-684, maio-ago. 2009.

RATTO, Ana Lúcia Silva. *Livros de ocorrência*: (in)disciplina, normalização e subjetivação. São Paulo: Cortez Editora, 2007.

RIBOULET, Louis. *Disciplina preventiva*. São Paulo: Editora do Brasil, 1961.

RICOEUR, Paul. Reconstruir a universidade. *Revista Paz e Terra*, Rio de Janeiro, n. 9, p. 51-59, 1969.

ROSE, Nikolas. Como se deve fazer a história do eu. *Educação & Realidade*, Porto Alegre, v. 26, n. 1, p. 33-57, 2001a.

ROSE, Nikolas. Governando a alma: a formação do eu privado. In: SILVA, Tomaz T. (Org.). *Liberdades reguladas*: a pedagogia construtivista e outras formas de governo do eu. Petrópolis: Vozes, 1998. p. 30-45.

_____. Inventando nossos eus. In: SILVA, Tomaz T. (Org.). *Nunca fomos humanos*. Belo Horizonte: Autêntica, 2001b. p. 137-204.

RUSSELL, Bertrand. *O elogio ao ócio*. 3. ed. Rio de Janeiro: Sextante, 2002.

SCHILLING, Flávia. *A sociedade da insegurança e a violência na escola*. São Paulo: Moderna, 2004.

SILVA, Aída Maria Monteiro. A violência na escola: a percepção dos alunos e professores. In: TOZZI, Devanil A.; ONESTI, Lizete F. (Coords.). Os *desafios enfrentados no cotidiano escolar*. São Paulo: FDE, 1997. p. 253-267. n. 28. (Ideias).

SIMÕES, Eduardo. Para autor, romance e filme não espelham sociedade. *Folha de S.Paulo*, Ilustrada, 13 mar. 2009. Disponível em: <http://www1.folha.uol.com.br/ fsp/ilustrad/fq1303200925.htm>. Acesso em: 7 maio 2011.

SINGER, Helena. *República de crianças*: sobre experiências escolares de resistência. São Paulo: Hucitec, 1997.

SPOSITO, Marília Pontes. A instituição escolar e a violência. *Cadernos de pesquisa*, São Paulo, n. 104, p. 58-75, 1998.

_____. *Os jovens no Brasil*: desigualdades multiplicadas e novas demandas políticas. São Paulo: Ação Educativa, 2003.

STEINER, George. *Lições dos mestres*. Trad. Maria Alice Máximo. Rio de Janeiro: Record, 2005.

VAN DER HORST, Claudia; NARODOWSKI, Mariano. Orden y disciplina son el alma de la escuela. *Educação & Realidade*, Porto Alegre, v. 24, n. 1, p. 91-113, 1999.

VARELA, Julia. Categorias espaço-temporais e socialização escolar: do individualismo ao narcisismo. In: COSTA, Marisa Vorraber (Org.). *Escola básica na virada do século*. São Paulo: Cortez Editora, 1999. p. 73-106.

VASCONCELLOS, Celso S. *Indisciplina e disciplina escolar*: fundamentos para o trabalho docente. São Paulo: Cortez Editora, 2009.

VEIGA-NETO, Alfredo. Algumas raízes da pedagogia moderna. In: ZORZO, Maria Cacilda; SILVA, Lauraci Dondé da; POLENZ, Tâmara (Orgs.). *Pedagogia em conexão*. Canoas: Editora da Ulbra, 2004. p. 65-83.

_____. Educação e governamentalidade neoliberal: novos dispositivos, novas subjetividades. In: CASTELO BRANCO, Guilherme; PORTOCARRERO, Vera (Orgs.). *Retratos de Foucault*. Rio de Janeiro: Nau, 2000. p. 179-217.

_____. *Foucault & a educação*. Belo Horizonte: Autêntica, 2003a.

_____. Governo ou governamento. *Currículo sem fronteiras*, Porto Alegre, v. 5, n. 2, p. 79-85, 2005.

_____. Incluir para excluir. In: LARROSA, Jorge; SKLIAR, Carlos (Orgs.). *Habitantes de Babel*: políticas e

REFERÊNCIAS

poéticas da diferença. Belo Horizonte: Autêntica, 2001. p. 105-118.

VEIGA-NETO, Alfredo. Pensar a escola como uma instituição que pelo menos garanta a manutenção das conquistas fundamentais da modernidade. In: COSTA, Marisa Vorraber (Org.). *A escola tem futuro?* Rio de Janeiro: DP&A, 2003b. p. 103-126.

_____; TRAVERSINI, Clarice. Por que governamentalidade e educação? *Educação & Realidade*, Porto Alegre, v. 34, n. 2, p. 13-19, 2009.

VEYNE, Paul. *Foucault*: o pensamento, a pessoa. Lisboa: Edições Texto & Grafia, 2009.

VIEIRA, António. *Sermões*. São Paulo: Hedra, 2000. tomo I.

**Julio Groppa Aquino** é professor associado da Faculdade de Educação da Universidade de São Paulo (USP), onde, desde 1995, realiza atividades de docência, pesquisa e extensão voltadas à formação docente inicial e continuada. É também pesquisador do Conselho Nacional de Desenvolvimento Científico e Tecnológico (CNPq) e da Fundação de Amparo à Pesquisa do Estado de São Paulo (Fapesp). Graduado pela Universidade Estadual Paulista (Unesp) em 1987, cursou o mestrado (1990) e o doutorado (1995) no Instituto de Psicologia da USP, e o pós-doutorado (2003) na Universidade de Barcelona. Sua livre-docência foi defendida em 2009. É autor, coautor e organizador de mais de duas dezenas de livros dedicados aos impasses concretos da educação brasileira e, em particular, seus efeitos desagregadores sobre o *éthos* docente. Sua obra, marcada por um estilo singular de escrita, pode ser definida como uma crítica sistemática à mentalidade educacional em voga, tanto em sua versão formal quanto na não formal, conclamando uma reinvenção radical dos modos de endereçamento às novas gerações.